宁波文化丛书

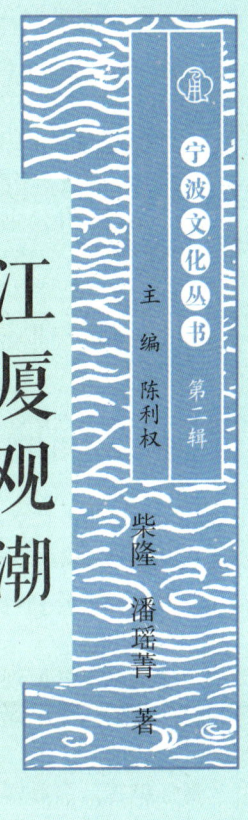

江厦观潮

甬上商贸盛衰的世事沧桑

宁波文化丛书 第二辑

主　编　陈利权

柴隆　潘瑶菁　著

宁波出版社

图书在版编目（CIP）数据

江厦观潮：甬上商贸盛衰的世事沧桑 / 柴隆，潘瑶菁著. —宁波：宁波出版社，2017.10（2018.11 重印）
（宁波文化丛书. 第 2 辑）
ISBN 978-7-5526-3081-7

Ⅰ. ①江… Ⅱ. ①柴… ②潘… Ⅲ. ①商业史—宁波 Ⅳ. ① F729

中国版本图书馆 CIP 数据核字（2017）第 257478 号

丛 书 名	宁波文化丛书·第二辑
丛书主编	陈利权
本册书名	江厦观潮：甬上商贸盛衰的世事沧桑
著 者	柴 隆 潘瑶菁
责任编辑	俞静娴
责任校对	陈金霞
装帧设计	金字斋
出版发行	宁波出版社
地 址	宁波市甬江大道 1 号宁波书城 8 号楼 6 楼
邮 编	315040
网 址	http://www.nbcbs.com
电 话	0574-87264975（编辑部）
印 刷	宁波白云印刷有限公司
开 本	710 毫米 ×1000 毫米 1/16
印 张	9.75
字 数	145 千
版 次	2017 年 10 月第 1 版
印 次	2018 年 11 月第 2 次印刷
标准书号	ISBN 978-7-5526-3081-7
定 价	25.00 元

（版权所有　翻印必究）

图书若有倒装缺页影响阅读，请与出版社联系调换。电话：0574-87248279

本书系宁波市文化研究工程项目

总序

唤醒宁波的文化之魂

◎ 何 伟

（一）

中国的古城实在不少，若论我国沿海最早的文化古城，只要稍稍具备历史地理的眼光，都会聚焦宁波——中国大陆海岸线的中点。

这座从远古走来的名城，河姆古渡的骨哨一吹就是七千年，展开了一幅幅风云际会的历史长卷。翻开谭其骧先生主编的《简明中国历史地图集》，不难发现宁波在我国沿海各大城市中的"早熟"：当宁波沐浴河姆渡的文明曙光时，我国海岸线上的先民基本还处于文明的空白处；当宁波先秦时期设县建制，广州还是邻近番禺的宁静村庄；当宁波唐代建州（相当于今天的地级市），已是"海外杂国，贾舶交至"的繁华城市，此时的上海还只是一个海滨渔村；宋代的宁波已是我国闻名国际的四大港口城市之一，天津还是名不见经传的一片滩涂；及至近代宁波作为"五口通商"被迫开埠，青岛、大连等城镇化才刚刚起步，更不必说改革开放后才崛起的深圳了。

如此"炫耀"的类比，无意仰己抑人。只想说明，以商城闻名的宁波，其实是隐身的文化重镇。其文化价值和地位，显然是被低估了。仅以中华文明源头之一的河姆渡为例：其制陶、稻谷和干栏式建筑的发现，修正了我国学术界总把黄河流域作为中华民族的唯一摇篮的定论,确认了长江流域是中华民族另一个发源地。其出土的代表海上活动的六支桨,印证了宁波先民是我国"海上丝绸之路"的先驱,为我国台湾和太平洋岛屿的文化作出历史性的贡献。澳大利亚悉尼市迪米蒙地电影制片公司在 20 世纪 80 年代拍摄了一部记录太平洋沿岸历史的影片,其序幕就是从河姆渡开篇的。

宁波文化矿藏的丰富性和不凡品质,还在于这里是海上丝绸之路的起源地之一,中国大运河的出海口之一,沿海城市中建城的起源地之一,金融史上我国钱庄的发源地之一,海运史上造船和航海的发源地之一……总之,宁波文化是整个中国文化经络中一个很关键的穴位。宁波的历史区域文化,犹如一座丰盈的藏书楼,在文化复兴的聚光灯下,亟须整理与传播。

宁波历史文化何其久也,宁波地域文化何其丰也,先贤前辈们已经为宁波开辟出了一块文化沃土。每念及此,作为祖籍宁波、生活于宁波的我,不禁对家乡深厚的文化遗产肃然起敬。可是,在今天追赶现代化国际港口城市的目标时,有多少宁波人还记得曾经的灿烂?又有多少人了解宁波往昔的辉煌?

(二)

区域文化研究的兴盛和传承,是近年来国内学界的独特景观,既得益于文化的复兴,又受到区域发展竞争的推动。齐鲁文化,燕赵文化,三晋文化,巴蜀文化,吴越文化,荆楚文化,岭南文化,等等,不一而足。这股热潮也波及作为吴越文化分支之一的宁波文化。

某种文明的价值观、思维方式和风俗习惯等,根本上是由地缘自然条件所决定的。文明所处的地缘环境与精神性格之间有着必然的因果关系。法国历史学家布罗代尔认为,影响一个文明的精神气质最根本的因素,是地理条件和自然环境,换成老百姓的说法,就是"一方水土养一方人"。

宁波地处东海之滨,三面环山,潮汐出没的宁绍平原居中,多类型地貌孕育出姚江、奉化江、甬江流贯其中,江河湖海点缀其间,构成了宁波"经原纬隩,枕山臂江"的地理特征。"南通闽广,东接倭人,北距高丽,商舶往来,物货丰溢。"(宝庆《四明志》)"自宋以来,礼俗日盛,家诗户书,科第相继,间占首选,衣冠人物甲于东南。"(成化《宁波府志》)

文化早熟的宁波好比一个内敛聪慧的智者,有外貌形象,有性格气质,也有个性脾气。发源于四明,耸立于三江,兼得中西交汇之利,倚其7000年的文明发展,塑造了一整套属于自己的优秀文化符号、习俗和精神,说得洪亮一点,叫作"宁波文明"。

每一个城市都有自己的来龙去脉,每一座城市都有独特的文化符号。宁波的文化特质,如果要用极精简的字词来表达,就是"江海"和"商贾"。水路交通和商帮文化是阅读宁波风云际会悠长岁月的两个关键词。伸展开来,从类型看,有海洋文化、农耕文化、港口文化、海防文化;从特质看,有商帮文化、耕读文化、工匠文化、饮食文化;从思想看,有浙东文化、佛教文化;从文人看,名儒硕彦,人文荟萃,有南宋的心学先贤"甬上四先生",有先生之风山高水长的严子陵、知行合一的心学大师王阳明、开启日本明治维新的导师朱舜水、工商皆本的民本思想家黄宗羲……正可谓千年古城,百年风云,几度沉浮,气血不衰,乃文化之力也。

(三)

一座城市的持久吸引力,不在林立高楼,而在文化气质。让城市站立不衰的,是文化"软实力"。表面上看,决定城市差异的是经济,骨子里是文化。今观神州,仰赖房地产狂奔的造城运动,流水线般建造的排排高楼大厦取代古城旧貌,割断了多少城市的历史脉络，推平了多少地域审美特征，埋葬了多少丰厚的历史记忆，已经无法计算。宁波籍文化大家冯骥才先生认为，我们中国历史悠久，民族众多，地域多样，每个城市都有独特和鲜明的城市形象。可惜，现在我们660个风情各异的城市形象基本都消失了，即使有，也支离破碎，残缺不全，很难再呈现出一个整体的城市形象。眼下，追名逐利遗失了文化，随波逐流遗忘了故乡，身在故乡而不知故乡何在。

物欲越是膨胀，文化越是珍贵。宁波人之所以成为宁波人，并不是因为出生在宁波，而是身上承载着宁波的文化符号和基因。这些由宁波的风俗、语言和信仰因素组成的"宁波腔调"，以及地缘、血缘关系组成的坐标系，会让人们知道自己是谁、从哪里来。不论你身处世界何地，只要据此便可找到家乡，认祖归宗。如果遗失了宁波文化，即使站在这片土地上，也很难再是宁波人。令人忧心的是，在现代化城市化的急切步伐下，本土历史文化面临诸多存亡考验。公路毁了，可以修复；房屋塌了，可以重建；文化遗产一旦"消失"，如同绝迹的物种，没了，就永远没了。现代人精神家园的迷失和情感归属的危机，成为一种流行国际的精神疾病，正是文化除根后流离失所的后遗症。

今天的宁波缺什么？不少人感叹缺文化，我看来，表述不很准确。宁波并不缺少文化，缺的恐怕是对丰厚文化的记忆和传承。"文之无书，行之不远"，作为文化工作者，作为宁波人，我们深恐随着时间的推移，宝贵的精神财富因文字的阙如而流失，随着记忆的衰退而归零。把文化摆在什么位置，不仅仅取决于政府，更取决于每一个厕身其间的市民的态度。文化是城市之魂，是我们这座城市安身立命的基座。唤醒城市记忆的味道和画面，保护并标出宁波的文化风景线，绘制文化地图延续文脉，亟须一套权威、全面、通俗的文化读物。本丛书的出版和传播，即是努力之一。

（四）

本丛书的编纂，虽非规模浩大的文化工程，却颇费周折，几起几落，幸得宁波文化事业基金委员会慧眼识珠，忝列扶持项目，又得宁波市委副书记余红艺及市委宣传部等部门的鼎力支持，宁波出版社调集精干，组织本地学界文化精英，殚精竭虑，撰写这套丛书。

自2012年始，编纂委员会成立并确定了丛书的编纂大纲，专家们从宁波地理文化和历史文化的坐标中，尽可能筛选出具有鲜明特色和传承价值的内容作为首批选题。第一辑八种，选题侧重反映对宁波发展最具影响力、最具代表性的八个方面地方特色文化。计划此后逐年推出各类文化系列，集腋成裘，奉献出宁波文化的"满汉全席"。

丛书着力点不在学术钻研和考证，而在文化的普及和传播，定位在文化"小吃"，充其量是宁波文化史的通俗版、系列专题篇，绝非贯通一气的皇皇巨著。丛书力求编排图文并茂，文字通俗易懂，集知识性与文学性、学术性与普及性于一体，雅俗共赏，老少皆宜，为大众提供一张文化寻根的导游图，以及一杯安顿旅者心境的下午茶。于闹市中拾取一份宁静，于纷繁中理出一片安详，于浮尘中闻到一缕书香，于物欲中寻得精神的家园。

（本文作者为宁波日报报业集团原党委书记、董事长）

目　录

总　序　唤醒宁波的文化之魂 …… 001

【绪论】走遍天下，不忘宁波江厦 …… 001

【一】海定波宁自东渡 …… 013
- 海定波宁自东渡 …… 014
- 一船明月一帆风 …… 020
- 近悦远来通有无 …… 025
- 五洲四海聚江厦 …… 030
- 商运船帮南北号 …… 036
- 风吹桃花下西洲 …… 041

【二】旧日街道亦熙攘 …… 045
- 半边街上多鱼行 …… 046
- 双街遍布咸货行 …… 050
- 钱行街与钱庄业 …… 054
- 江厦街金融风潮 …… 060

江厦观潮

【三】

昔日书坊日新街 064
商铺林立闻遐迩 067
三江口旧时银行 068
商办轮船风气先 073
「大有」兴替「大同」衰 077
状元楼饮誉三江 080
道地药材冯存仁 085
华联商厦气象新 089

【四】

童年回忆在「一副」 093
小民雀跃尘埃里 099
小民雀跃尘埃里 100
今日同心赏节庆 103
拍手儿童噪街头 106
灯火春摇不夜天 110
水火无情不相饶 113

【五】

江厦公园诞生记 116
一江明月话旧事 121
江桥无柱架空横 122
战火延烧江厦街 126
炮火声中无完栋 131
雍雍肃肃在宫庙 135
笔记小说话旧事 137
夜航船上道细琐 140
担风袖月徐兆昺 143

【绪论】

走遍天下，不忘宁波江厦

江厦观潮

甬上商贸盛衰的世事沧桑

三江口南望

　　每座城市都有属于自己的骄傲和标志，三江口和江厦街无疑是宁波城市的光荣和象征，一如上海的南京路和外滩，是最能代表城市核心景观和城市本色的区域。与江厦街同样古老同样让人自豪的，是宁波人口口相传的一句老话："走遍天下，勿及宁波江厦。"

　　"走遍天下，勿及宁波江厦。"将宁波城内的一条江厦街投放到"天下"去称雄，确实张扬，确实是一种谑谈，为宁波人的自我标榜。区区一条不过500余米的江厦街，为何能够称雄"天下"？ 翻开历史，江厦街曾是宁波城最繁华、最富庶之地，承载着宁波滨江码头黄金年代的历史印记，集航运码头、商贸、金融于一体，名闻大江南北，着实给宁波人争足了脸面。这句老话流传了几个世纪，在宁波甚至浙东可谓家喻户晓、妇孺皆知，但凡有宁波人经商和生活过的地方，似乎都能听到。

　　这句宁波俚语甚至在第二次鸦片战争后，被英国传教士慕雅德传到西方。慕雅德在宁波度过了一生中的黄金时间，他热爱宁波，用宁波方言布道，尤其喜欢宁波的这句俚语（Traverse and search the whole wide earth, and after all what find you to compare with Ningpo's River-hall）。当时的宁波江厦街是宁波商帮的大本营，集聚了南货、洋货、南北运输线和钱庄银

宁波老江桥

行,是宁波的商贸中心。慕雅德早在100多年前就把这句宁波俚语传到了西方世界,使西方认识了宁波这座中国东海岸的城市。

这句老话容量极大,几乎将宁波人近现代以来一切业绩和辉煌凝聚在其中;这句老话入木三分,点出了三江口的江厦街是造就"无宁不成商,无宁不成市"的宁波商帮的摇篮,而"宁波江厦"所处的三江口区域,又是中国海上丝绸之路始发港、内外贸易发源地之一,见证了宁波自建城起延续至今的繁华。宁波江厦的百年繁荣,是宁波作为千年商埠、东方大港的象征和缩影,是这座城市历史的荣耀,更是宁波市民心中的骄傲。

遥想博洽多闻、工赋擅词、精阴阳历算的郭璞,在西晋末年,他为避乱从中原来到浙东。当郭璞站在三江口时,不禁对这片"斥卤之地"大加赞叹:"此地五百年后,当成人郡也!"千余年后,闻性道在修编康熙《鄞县志》时回复郭璞之预言:"至是,果符前言。"泱泱浙东大郡,底色深沉,鄞、鄮、句章的无尽风流,暗藏着自己的纹路,只消稍稍触及,就能感受到脉搏的跳动,看到历史定格的那一瞬间。

西晋末年的郭璞对鄞、鄮、句章的印象,多半还是"斥卤之地"。"甬"是宁波的简称,因为境内有甬山和甬江,所以宁波城常常又被称作"甬上"

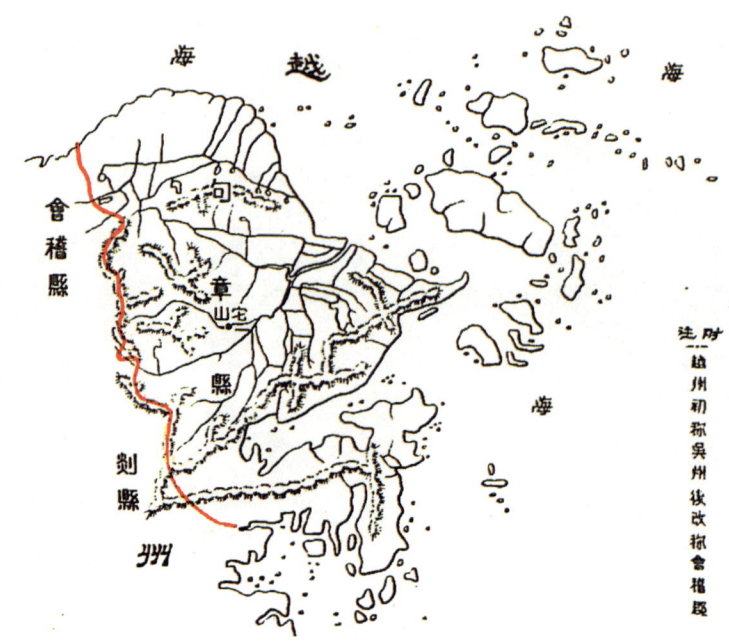

《鄞县通志》隋朝地图

或者"甬城"。"明州"是宁波的古称,但宁波的古称当然绝不止"明州"这一个,但凡是肚子里有点墨水的宁波人,多多少少都会稍稍附庸风雅地自称"明州人氏"来显摆点历史文化的底子。"宁波"这个一直叫到现在的地名,也已经古老得上了六百多岁的年纪,这名字由鄞人单仲友提议,诞生于明朝洪武年间,当时还是由开国皇帝朱元璋亲自拍板决定的,"明州"自此改为"宁波府"。

"明州"也好"宁波府"也好,都是古代"州"城的级别,相当于现在的地级市。此前的宁波,规模只是县级。那时,宁波涵盖了三个县,即鄮县、鄞县、句章县,除此三县以外,后来又冒出余姚,位于鄮、鄞、句章三县与当时管辖它们的上级地区会稽郡(绍兴)之间,类似一个过渡地带。四县并存的局面一直持续到隋朝开皇九年(589),从这一年起,鄮、鄞、句章、余姚四县合并为句章县,隶属吴州。然而四县虽已合并,却依然只是个县级单位,县治仍旧设在位于西部山麓的小溪(即今天的鄞江一带)。县的范围一下子扩大了数倍,但县城还在偏远的老地方,由此导致的交通不便,显

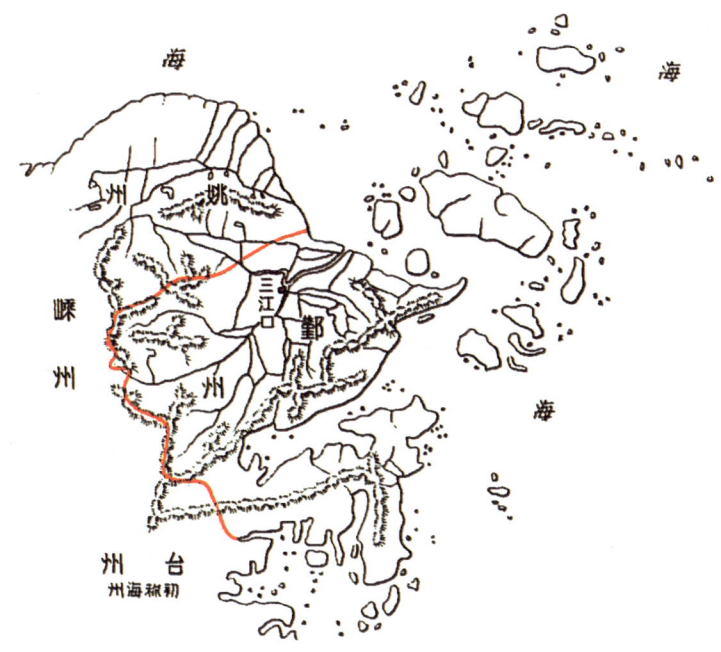

《鄞县通志》唐高祖武德四年至七年地图

然给全县的管理带来了很大的难度。所以,县治易地是大势所趋。几经对比,最终,人们把目光投向了三江口。

三江口是个好地方,甬江、姚江和奉化江三条大江在这里交汇,奔来眼底,气象万千!当然,最开始的时候,所谓的"三江口"只是东海退潮以后的一片滩涂盐碱地,是姚江和奉化江交汇处的一块高地,是海涂上的一个"孤岛"。

三江口最初的地位只是军事上的,隋唐时期的三江口才真正确立了在宁波境内政治中心的地位。唐武德四年(621),三江口这块盐碱地引起了中央政府的重视。唐朝初立,百废待兴,朝廷决定重新调整全国的行政建制。"十一月,改会稽郡为越州,析故句章地置姚州、鄞州",一个县一下子升格为两个州级单位的建制。而其中新建立的鄞州,州治仍在小溪,还没移到三江口,后面略有小折腾。

忽忽又到了长庆元年(821),明州州治从小溪迁到三江口,而鄞县县治却又迁回了小溪。长庆是唐穆宗的年号,大诗人白居易最具代表性的

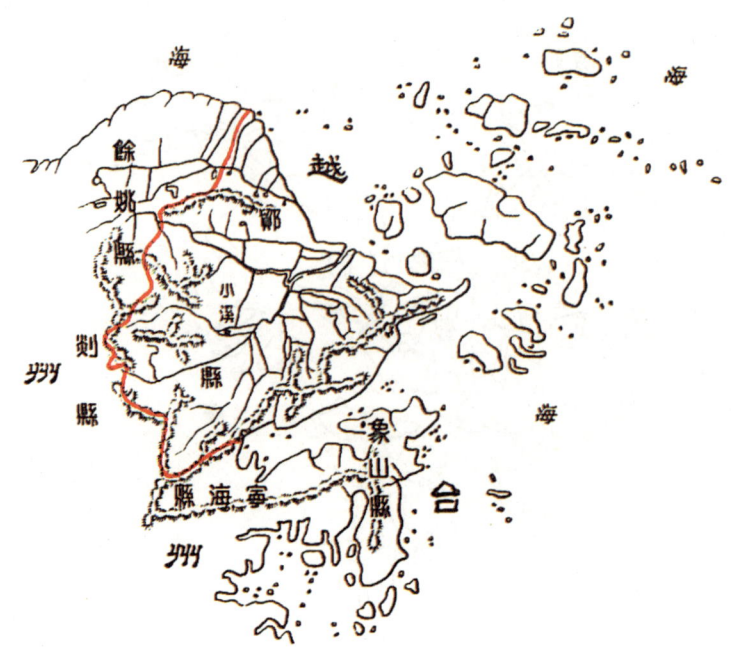

《鄞县通志》唐高祖武德八年至玄宗开元二十五年地图

作品集因为就编集于长庆年间，所以得名《白氏长庆集》。而长庆元年（821）对于宁波的城建史而言又是一个特别重要的历史坐标，因为在这一年，明州刺史韩察发动民众筑造子城（内城），周长420丈，南端建谯楼（今海曙楼址），北端建周衙（原中山公园，今中山广场址），民居子城外，又建大街（今中山路）、车轿大街（今药行街）等主干道。从此，明州城初具规模，成为浙东地区的政治、经济、文化中心，海曙区境也自此成为中心城区，一直维持到今天。

　　三江口再次发生变化大约是在两年后，长庆三年（823），新任刺史应彪在奉化江上建造东津浮桥（约在今江厦桥址），连舟十六艘，传说浮桥竣工时天空出现彩虹，十分吉祥灵应，于是这座桥被称作"灵现桥"，后来称为"灵桥"，又过了两年，桥身向南移到现在的灵桥位置。这是三江口地域有史可考的最早跨江浮桥。

　　时至晚唐，唐昭宗乾宁五年（898），虽是自封但深得民心的明州刺史黄晟又发动民众筑造了罗城，也就是外城，周长18里，"版筑夯土，砌以砖

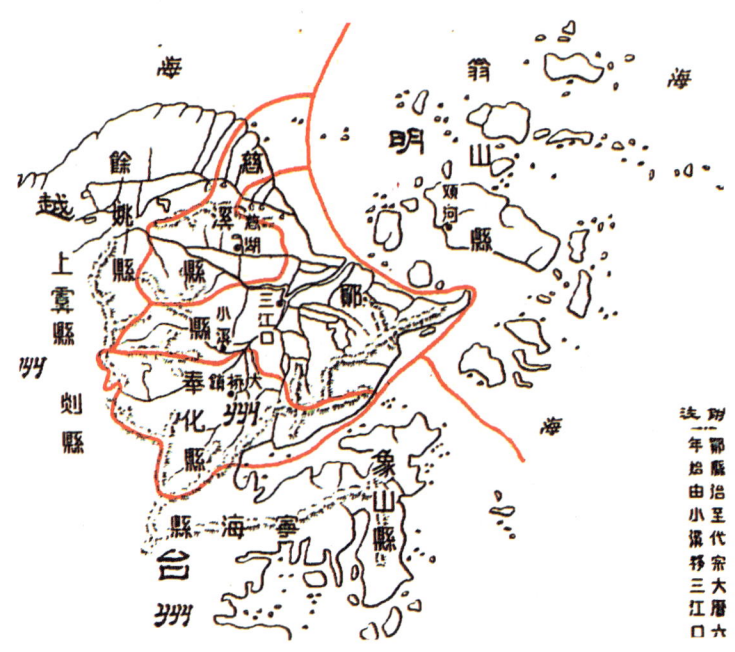

《鄞县通志》唐玄宗开元二十六年以后地图

石",还重建了奉化江上的东津浮桥。城边依托的河道和江岸经过修整和连贯后,成为护城河。就这样,明州城实际上由一内一外、一大一小两道城墙构成,一座像模像样的州级城市就这样构建起来了。

唐朝灭亡后,是战祸频仍的五代乱世,后梁开平三年(909)五月,吴越王钱镠巡视明州,升明州为望海军,改鄮县为鄞县,归属吴越国,鄞县县治由小溪迁到三江口州治。虽然明州的地名再一次被更改,但州、县两级政府同城设置治所的格局却从此正式固定,此后历经各朝,基本没有再发生变动。从那一刻起,三江口就与宁波城的命运牢牢地绑定在了一起,休戚相关,荣辱与共。"连樯接舻,贡琛献赆,源源相因,观光卜国,重以商贾懋迁,□物珍伟,森列环萃,纷至沓来。"在宁波出土的宋代石碑刻有《新建市舶司记》,碑文上曾有这样精彩的文字描写,活脱脱地复原了当时明州港码头区商旅贸易高度发达的壮观场景。

三江口的重要性日益突出,而它所处的地理位置又恰好是明州的中心。在古代江南地区以水路运输为主要交通方式的时代,三江交汇的三

新江桥（杜德维相册，1878—1888 年）

江口又大得交通之便，简直就是占尽天时地利，区位优势得天独厚，关键是，这些大江还连接大海，江海门户通天下，海运兴起，顺风顺水。航海得有码头靠船，古代宁波的海运码头主要集中在两处：一处是在今天姚江南岸至渔浦门一段，古称"甬东司道头"；另一处就是奉化江自灵桥至三江口的"江厦道头"。

唐宋元明清时代，正是在这里，一艘艘满载着越窑青瓷、茶叶、丝绸、经籍、画卷的大船起航驶往海外；正是在这里，一个个前来求学、经商的异国官员、学子、僧侣和商贾靠岸登陆。至今，这里仍留有庆安会馆、道元禅师入宋纪念碑等大量历史遗迹。

五口通商后，正是在这里，西方的事物率先进入中国，出现了中国早期的外滩、最早的女子中学、早期的使领馆群和西式医院；正是在这里，开出了满街的钱庄，形成了中国早期金融业集聚地；正是在这里，一座西式钢骨的灵桥横跨江面，当仁不让地成为宁波的城市地标和象征物。

1862 年，新江桥建成，次年移址三江口，姚江航运因此受阻，原甬东司道头也就渐废，于是宁波航运就几乎全部集中到了江厦码头。如果说航运是宁波长演不衰的"大戏"，那么这台大戏精彩上演的"舞台"就在江

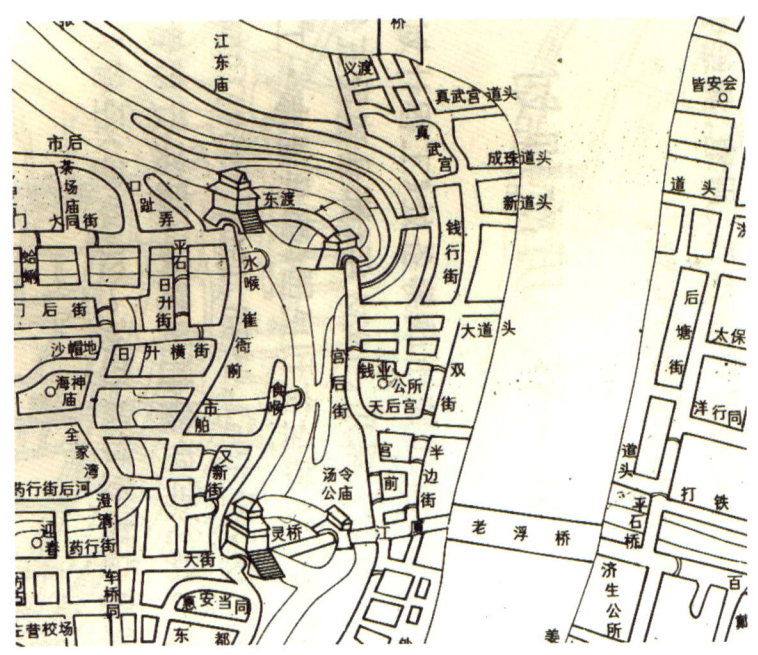

《宁波府城厢水陆舆图》局部（选自《宁波市志》1995年版）

厦。《四明谈助》称："滨江庙左，今称大道头（江厦码头），凡番舶商舟停泊，俱在来远亭至三江口一带。"19世纪中期后，宁波有了航行近海的轮船，江北岸先后建起浮码头，但作为当时航运主体的帆船，仍集中停泊在江厦码头。直至20世纪的40年代，江厦码头外的江面上仍然经常是"帆樯如林，舟楫如鲫"，渔舟货船，此进彼出，江厦一带，车辆行人，日夜喧嚣，三江口舟船辐辏，商贾云集。

我们当代所称的"江厦"，具有多重含义，而历史上的江厦泛指奉化江边自灵桥至三江口这一狭长的滨江地带，位置与现在的江厦街基本一致，不过只有称呼而并无标识。自唐宋以来全鸦片战争前，这一带一直是宁波对外交通贸易的海运码头所在地，民国十八年（1929）道路改造前，这里有半边街、双街、糖行街、钱行街等四条特色商业小街，街面虽只有五六米宽，而两旁商行密集，车水马龙，热闹非凡。自新江桥堍到成珠道头一段为糖行街，大都为南北货食品业；再往南至大道头为钱行街，宁波市的大多数钱庄都开设在这里；从大道头到水弄口为双街，遍布咸货行；从水

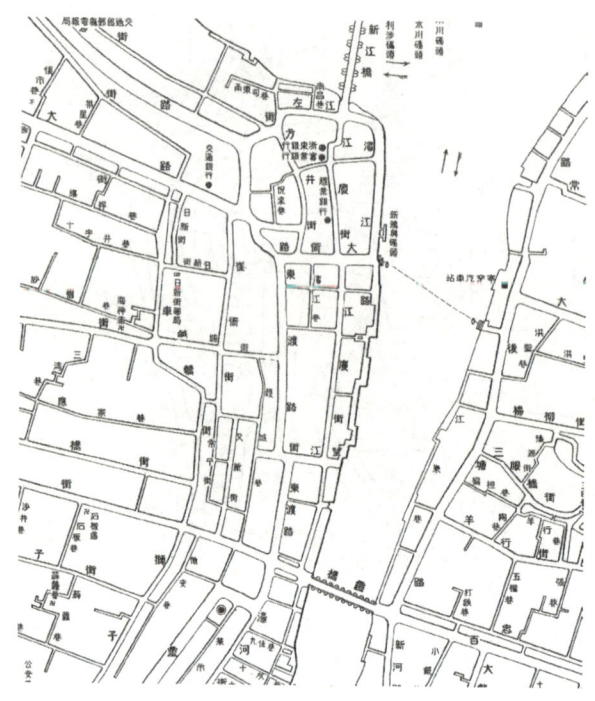

《鄞县通志·鄞邑城厢图》局部

弄口到老浮桥（今灵桥）为半边街，这里都是鲜咸鱼行。每当鱼汛期间，江边桅樯林立，鱼商客户纷至沓来，一片兴旺景象。

江厦街得名于江厦，而江厦的地名来源实际上已无法考证，尽管坊间主要有两种说法。一说江厦得名于早已不存的古代江下寺；另一说为江厦地处奉化江下游，浙东民间惯以"上江""下江"称呼江的上游与下游，其名疑为下江的倒称。但这两种说法均无法解释"厦"字的来历，且为何不直称"江下"而非要用谐音表示？事实上，江厦这一名词真正出现在地图上是很晚的事情，最早可见的也已经是清末的《宁波府城厢水陆舆图》，图上标示的是从灵桥门至老浮桥之间东西向又短又小的区段，含义非常模糊。

至于江厦街就出现得更晚，1936年刊行的《鄞县通志·鄞邑城厢图》上，在南北向的半边街至糖行街的直线上才首次有了江厦街的明确标示。彼时所谓的"江厦街"，其实只是局部的沥青路，真正贯通的江厦街直到 1951 年才出现。1972 年和 1987 年，江厦街两次拓宽，始达现在的规模。1956 年海曙区调整行政区划，江厦又成为属地街道的名称，此后多次更迭，目前仍采用"江厦"。江厦从一个无从考证的谐音缘起，虽经世殊事异，但最终演变成为宁波市最繁华的一个辖区，又何尝不是一桩历史的美谈？

中华人民共和国成立前的江厦街无疑是宁波金融业的大本营。根据 1935 年统计，宁波钱庄业共有大同行 33 家，小同行 28 家，现兑庄 91 家，大都集中在江厦地区。宁波钱庄业的最大特点就是采用"过账"制度，各行各业相互交往，只看到"过账"，却看不到现金。这种制度的好处是一元钱资本，可以做到三五元钱的生意，因此生意可以越做越大，但风险也较大。当时，宁波各钱庄仅投放到上海的资金，就有二三千万两白银，其势力极盛时曾凌驾于沪、汉各埠金融业之上。江厦街这种集金融、商贸、物流、航运和码头于一体的繁荣景象，在全国都极为少见，所以影响力非常深远，以至过去外地人知道江厦街就知道宁波，知道宁波就知道江厦街，江厦街几乎成了宁波的代名词，着实给宁波人争足脸面。

19 世纪末 20 世纪初，宁波的部分商人因经营航运与商业，完成了早期资本积累，继而进军金融业和实业，走出宁波告别江厦，走向上海和全国。宁波人凭着实力、诚信、勤劳与才智，在国内迅速崛起，足迹遍布国内并远涉世界，宁波商人成为享誉国内外的"宁波帮"。宁波帮不仅成就了自己的事业，也使宁波因之名扬四海。一代又一代宁波人浪迹天涯，情系故土，他们把江厦曾经的繁华当作故乡最美好的记忆，并引以为豪。"走遍天下，勿及宁波江厦"已不仅是昔日江厦的写照，还是游子心中故乡亲情的化身，成为几代宁波人对故乡的怀念与赞美。

1949 年 9 月，正当宁波人民欢庆解放之秋，国民党反动派派飞机对江厦地区狂轰滥炸。9 月 20 日由轰炸引起一场大火，整个江厦街化为灰烬，这条宁波市最繁华的街道从此成了历史的陈迹。1951 年，宁波成立失业工人筑路队，政府用"以工代赈"的方式，首次对江厦街进行了大规模拓修。1972 年，江厦街又进行了大规模的拓建。1984 年，宁波工业品

江厦街现貌

展销大楼在原天妃宫遗址上建成,这幢10层的高楼当年曾是宁波标志性的高层建筑,大楼因此被称为新江厦,也是新宁波的一景。1987年,自灵桥至江厦桥沿江房屋被全部拆除,建成了美丽的江厦公园。江厦街被再次拓宽改建成40米宽的现代化道路,成为当时宁波市内最美丽的景观街道之一。1988年,21层的华联大厦在江厦崛起。如今,江厦附近豪华酒店林立,精品商场汇集,三江六岸风光旖旎,天一广场引领潮流,和义大道风情万种,钱业会馆、宁波音乐厅、宁波书城等文化娱乐设施吸聚着万千人气,宁波江厦以崭新的风貌呈现在宁波人民的面前,再次回到了它的黄金时代。

  百年江厦,岁月沧桑,老江厦的背影已随历史渐行渐远。时代赋予江厦新气象,那句耳熟能详的江厦老话赋予它自信和大气。这里的自信,就是宁波敢于放眼天下,在世界城市坐标系上寻找自己的位置,并自信能占有一席之地;这里的大气,就是宁波善于更新观念,能主动走出扬己贬人的旧视角,代之以开放包容的国际观,并热情洋溢地向海内外游客发出邀请。回望那涌动千百年而回响不绝的激荡商潮、那舟楫如林豪华竞逐的甬上烟云,方知走遍天下,不忘宁波江厦!

〔二〕 海定波宁自东渡

海定波宁自东渡

多年前，宁波还被唤作"明州"之时，人们大概无法单从名字上将宁波与江河湖海联系在一起，而"宁波"这一地名则很自然地让人感受到这是座港口城市，与大江大海有着天然的联系，因为"海定则波宁"嘛！——明朝鄞县人单仲友提议，太祖朱元璋颔首，改名宁波后的魄力由此而生！

洋洋东方大港潮落潮涨，浩浩三江浪奔浪流。如今这座城市的形象宣传语是"书藏古今，港通天下"，将"书藏古今"的历史纵深与"港通天下"的宽阔视野集于一体，纵横捭阖，挥斥方遒，彰显了港城宁波厚重的底蕴和开放的姿态。

雪舟《唐山胜迹图卷》之灵桥门

港通天下,"天下"二字笔画极简而气魄非凡,一下子将宁波纳入了接轨全球的范畴。在当前"一带一路"倡议上升为世界各方共同推进的合作蓝图的时代大背景下,宁波毋庸置疑地成了"21世纪海上丝绸之路"的重要城市,而江厦一带为重要节点。

宁波港是我国最古老的港口之一。大约六七千年前,河姆渡人已创造和使用舟楫,航行于港湾与近海,这是迄今被考古证明的中国最早的航海活动,河姆渡则可视为最原始的寄泊点。宁波港自唐代起逐渐成为中国对外贸易主要港口和"海上丝绸之路"重要港口之一(公元847年唐宣宗时,宁波港是"海上丝绸之路"的始发港)。五代置博易务,宋代设市舶务,元代和明初设市舶司,嘉靖中叶改为巡视海道司,清初为巡视海道署,康熙时改为海关行署。鸦片战争后,为五口通商口岸之一。

在中国历史上,宁波港内通闽、粤等中国沿海各地,向外与日本、朝鲜、菲律宾、越南、柬埔寨等国有频繁往来。宁波港的发展带来了宁波城市的繁荣,不仅历代国内贸易聚于甬江,外国商人也常年不断地到宁波来,"番货海错,俱聚于此"。江厦街宋代已经是兴盛的闹市,明清时期更成为中外贸易商业街,"走遍天下,勿及宁波江厦"是其繁华的最好写照。宁波港的发展也孕育了宁波商人集团,使其继而演变成当今闻名海内外的"宁波帮"。

历史上,宁波港的概念起源于江厦,为海上丝绸之路的始发港之一,浙江乃至全国的丝绸、茶叶、瓷器等货物都自此地起运,远销海外。宁波的对外航运与贸易,很早便开始了。江厦不仅仅是对外,对内同样是水路航线的交通枢纽。

不少人听说过京杭大运河,事实上京杭大运河只是中国古代三条大运河的其中一条。这三条大运河分别是以洛阳为中心的隋唐运河,以北

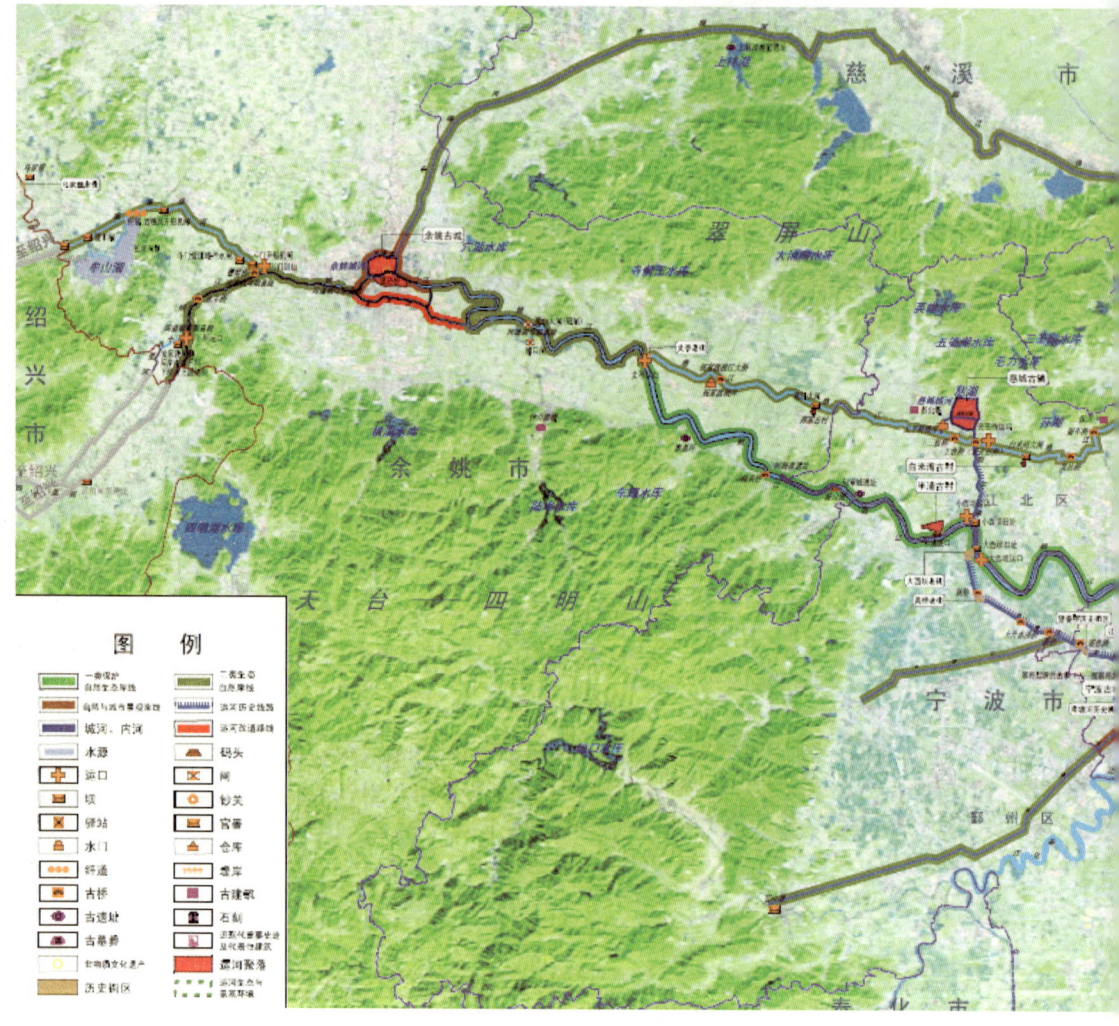

京、杭州为起止点的京杭大运河以及由宁波入海并与海上丝绸之路相连接的浙东运河,统称为"中国大运河"。

宁波在中国大运河中的地位很特殊,为中国大运河的最南端城市,是大运河的出海口,也是海上丝绸之路的连接点。2008年,大运河(宁波段)被纳入全国大运河联合申遗项目。2013年,大运河(宁波段)又与其他运河申遗城市的遗产点一起,被列入中国大运河申遗文本,正式提交联合国教科文组织世界遗产中心。最终于2014年在卡塔尔首都多哈举行的第

大运河宁波段

38届世界遗产大会上获表决通过,申遗成功,正式列入《世界遗产名录》。浙东运河横贯东西,绵延数百里,在终点站宁波交汇三江,奔流入海。就这样,内陆与外海,河运与海运的航道,到江厦一带都连通了。

今天的宁波港已与三江口江厦一带相去甚远,已经移到北仑,成为闻名中外的"北仑港",离宁波市中心城区还有相当长的一段距离,但明州时代的宁波港恰恰就处于城市的中心位置,长期占据三江口这一地理要冲。

史料记载,远在晋代,由宁波起航的船舶就已经能远涉重洋到达我国宝岛台湾和越南。而宁波成为一个公认的国际海港,真正意义上是从唐代开始的,也就是当时的"明州港"。作为港口势必就要有码头,现在的三江口码头已消失多年,古代的明州港码头究竟何在呢?除了在史书里找寻文字的记载和描述,我们是否还可以找到一些实物例证呢?

三江之畔最早的标志性建筑是唐天封塔。史载天封塔在县治东南二里许,始建于唐武后"万岁通天",讫于"万岁登封",故以"天封"名。其制明暗为层者各七,每层六角,高一十八丈,玲珑秀拔,巧甲天下。天封塔实际上是三江口的一个夜间航海的航标,它是明州港的导航标志。州治迁到三江口,时为公元821年,仅仅一个多世纪,这里已成为明州港城。

记忆需要一下子拉回到四十年前,许多老宁波人大概都还记得现在仍矗立在中山路与江厦街交界处西南侧、与江厦桥仅一路之隔的交邮大楼。1978年开工建设的交邮大楼共九层,还是当时宁波市中心数一数二的高楼。周庆南先生在《宋元码头遗迹的考古发掘》一文中提到,"1978年交邮大楼基址内曾发掘出唐、宋码头遗迹和宋代可复原的三桅尖底木

浮桥后景为在建的交邮大楼

帆船"；同时，林士民先生在《宁波古海运码头与宋代海船出土记》一文中也记叙"海运码头沿奉化江岸构筑，这里清理出唐代自然的坚固码头，即原始停泊岸线"，"唐代码头在现东渡路一带，这一带在唐、五代发掘出来成排的木桩、挡泥板，都为了加固江岸，因此唐、五代城外已形成船只停泊的自然岸线。这种码头在发掘的文化层堆积遗物中，已反映了江厦一带已是船只停泊地段与集市场所"，是为印证。

宁波人非常熟悉的东渡路，是沿着奉化江往西与江厦街平行的一条马路。唐代的海运码头就在今天东渡路的位置，当时已经直接与水面相接，当然还不存在如今的江厦街。从唐宋起讫明清，历经一千多年，这一带的地貌必然在不断地演变，不同朝代建筑的航运码头乃至伴随出土的文物都存在着明显的区别。

林士民指出，"到了宋代砌筑石码头，并有木制引桥式码头，淤积后又筑砌石码头，到宋代仍沿用石砌码头，明清码头正在马路上未作发掘。这些码头由西向东拓展，拓展速度每年平均10厘米"。换言之，古代的江厦码头以年均10厘米的速度向岸边延伸，一直延伸到现在的奉化江西岸，所以东渡路在唐代还是口岸，如今则早已成为内陆。

江厦古码头遗址考古发掘全景

　　既有东渡路，再生东渡门。"东渡"二字明白晓畅，让人一看就知道是坐船出海的地方。古代城门时至今日早已拆除，我们只能在历史文献中找寻它们，宝庆《四明志》中记载，"高宗建炎三年十一月己巳车驾驻越州……十二月乙亥车驾幸四明，驻鄞州治，提领海船张公裕奏已得千舟，帝甚喜，壬午定议航海……即自州治乘马出东渡门登楼船，宰执皆从。诏以亲兵三千人自随……辛卯御舟次定海县"。南宋第一位皇帝——宋高宗赵构也从东渡门登船去定海，由此推测东渡门至少在南宋之初就已存在，而且就是乘船起航的起点。

　　后人却将东渡门一带改称为"东门口"，成为宁波最核心的闹市区，宁波俚语有"东门口一弯，指末头一扳，五花八门，事体交关"，话虽俏皮，倒也从一个侧面反映了东门口区域的繁华热闹。而自唐宋至明清，这里同样高度繁荣了一千多年，其中江厦海运码头起了关键作用，缓缓拉开了海定波宁自东渡的序幕……

一船明月一帆风

宁波当然不仅仅只限于海运，内陆河运同样发达，应当强调的是，作为东海边一颗璀璨的明珠，宁波港口的战略意义首先且主要就在于海运。大运河（宁波段）把传统意义上的京杭大运河向东延伸了239公里，但这一延伸的根本目的是为千年古运河提供一条便捷的出海通道，使中华丰物得以"港通天下"。而旧时的海港就以江厦为中心，遥想当年的宁波海港码头前，百舸争流、千帆竞发，海运的场面多么壮观！

明州造船师、航海家张友信，在唐大中元年（847）六月二十二日，从大唐明州望海镇（即今镇海区）扬帆驶往日本，"得西南风三个日夜"，便横渡东海，靠泊日本"值嘉岛那留浦"。其行速之快，与日本遣唐使船旷日持久的漂荡，判若霄壤。

明州在唐代也是一个主要的造船基地。

这时，问题就来了，船大大小小好歹都见过几种，那么古代从宁波港出发的海船到底是什么样的呢？我们在宁波实地找到了这些珍贵的文物。学术刊物《船史研究》第一辑中记载过东门口和义路一带曾挖掘出

镇海出海口全景

唐代的龙舟,当时的宁波地区已经有划龙舟的习俗。但龙舟毕竟只是一种用于江河的特殊小船,其构造与海船相去甚远。

事实上内河船和外海船在结构上有明显的差别,一般来说,内河漕运船只多为平底船,而外海船则是尖头尖底。南宋孝宗朝,都督府张竣曾下令"明、温州各造平底海船",这道"屁股指挥脑袋"的命令立刻遭到了明州造船工匠们的集体反对,因为他们都知道"平底船不可入海",而《宋会要辑稿·食货》中也记载过陈敏在明州制造的二千料战船都是"尖底海船"。而宁波古代海船的真正模样,一直要等到后来在交邮大楼基址内发现一艘宋代海船的残骸才得以确认。挖掘出的这条船,船体基本完整,尖头、尖底、方尾三桅,水线长13米以上,型宽4.5米,型深2.4米,排水量在40吨以上。除了具备一般海船的特点外,这艘宁波海船还有其独到的工艺,例如它独特的护肋,也就是业内俗称的"舭龙骨",安装在船的舭部,可以起到减缓船舶左右摇摆、增强平稳性的作用。

苏联的船舶专家勃拉哥维辛斯基(C. H. Blagoveshchensky)在自己的著作《船舶摇摆》中曾记述"开始用舭龙骨是在十九世纪的头二十五年",也就是1825年之前,而我国早在宋朝,造船匠师们已然设计制造出

1979年东门口交邮大楼工地出土宋代古海船

舭龙骨的雏形并实际应用于船体,较之外国至少提早六七百年!而我们完全有理由相信,这样的海船就是在宁波制造完工的,因为历史上,宁波的造船业和航海技术长期保持着世界级的水准。即使在现在,宁波大学在全国排名最靠前的优势学科,一定包括船舶设计制造等方面的专业,宁波在这一领域的先进与发达并非偶然。

宁波造船业的强项在于海船。《资治通鉴》记载,唐贞观二十二年(648),太宗为跨海征讨高丽,曾命令越州等地造大战船1100艘待用,这说明早在唐代,宁波地区制造海船的能力之强已经是得到朝廷公认的了。当时的日本很仰慕唐朝的造船技术,还把中国制造的海船称为"唐舶",而宁波就是唐舶制造的重要基地。

到了宋代,宁波的造船能力更为突出。两宋时期,明州港的造船业已跃居全国首位。当时明州打造的大海船,不仅广泛应用于商贸,还供朝廷派遣使者航海出国所用。《宋史》记载,北宋神宗元丰元年(1078),朝廷命安焘、陈睦出使高丽,用明州所造万斛船两艘,分别赐船名"凌虚致远安济神舟"和"灵飞顺济神舟";后来徽宗时又派徐兢出使高丽,再次下诏明州造两艘更大的神舟,一为"鼎新利涉怀远康济神舟",二为"循流安逸通济

现交邮大楼址是昔日繁华的方井头

神舟"。

高度发达的造船业使得宁波的一切与之息息相关,连地名也不例外。今天,当我们坐公交车去影都看电影,到东门口站下车,抑或是漫步在和义大道,感受奢侈品购物区的衣香鬓影时,不经意间也许会发现,钱业会馆门前的那条小路,路牌上写着路名:战船街。这里曾因打造战船而出名。北宋时,朝廷在三江口一带设立官营造船场,在东渡门外有造船监官厅事。当然,造船场既有官营的,也有民营的,官营的主要打造用于江防、海防的战船,而民营的则主要打造贸易运输所需船只。

船都造好了,下了海,就该准备扬帆起航了吧。万事俱备,只欠东风。再大的船在汪洋大海中也不过渺小得如同一粒微尘,惊涛骇浪急流暗礁,稍有不慎,随时可能倾覆。因此,要想平安归来,船员们除了要有过硬的驾驶技术,也得"看天吃饭",掌握季风洋流的规律。

宁波属于亚热带季风气候,四季分明,夏季多东风、南风、东南风,夏秋之交有台风,冬季受北方冷空气影响,多西风、北风、西北风。宁波的海员正是充分利用六至十月多南风而十二月至二月多北风的风向规律,正风时用布帆,偏风时用利篷。顺风顺水,自然又快又稳。

镇海口内桅樯如林

那么,坐着宁波打造的海船,迎着东海的风信,不论是出使还是贸易,古代的航海家们究竟驶向了哪些地方呢?换言之,航线到底有几条?综合史料,不妨按朝代顺序简要概括如下:

唐代,从宁波港出发的"国际航线"至少有三条:一是由宁波经江苏、山东连接渤海航线到达高丽;二是由宁波经福州、广州接南洋航线到达越南、苏门答腊、爪哇、斯里兰卡、卡拉奇等国家和地区;三是横渡东海直接到达日本。

宋代,除以上国家和地区外,还进一步开拓了到柬埔寨、泰国、菲律宾、印度尼西亚、马来西亚、伊朗等国的航线。

元代,宁波的国际航运发展到顶峰,通航的国家和地区多达140多个,新增的国家包括意大利(威尼斯)、利比亚、阿曼、也门、印度……

如此这般,海上的"丝绸之路""瓷器之路""茶叶之路"都通过三江口的宁波港建立起来,潮平岸阔,风正帆悬,畅通无阻。

江厦公园门口的题名

近悦远来通有无

今天的江厦,沿江一带变为绿树成荫的公园,古代江厦舟船云集、商旅辐辏的盛况,只能从史书中去找寻相关描述性的文字。清代的徐兆昺在集合历代宁波史料所成的《四明谈助》一书中,为我们描绘出了唐宋时期宁波港海运兴盛的宏大画面:"滨江庙左,今称大道头。凡番舶商舟停泊,俱在来远亭至三江口一带,帆樯矗竖,樯端各立风鸟,青红相间。有时夜然(燃)樯灯。每遇闽广船初到或初开,邻舟各鸣钲迎送。番货海错,俱聚于此。"

文中提到的滨江庙就是"景迁先生祠",古时为祭祀"江下寺"建造者晁景迁所建。庙原址在江北桃花渡,后迁往三江口一带。大道头即江厦码头的俗称。那么"番舶商舟停泊"的来远亭又是什么呢?

如果你是老宁波人,不可能不知道江厦公园,这座建成于 1988 年的"老牌"公园,就位于江厦桥边。公园沿奉化江一字排开栽有 38 株樟树,占尽甬城地利,是市民休闲散步的好去处。迈入公园,细心的人会注意到公园里边一座别致的建筑,三面墙上各敞开一个亭形大门,就像嵌入了一

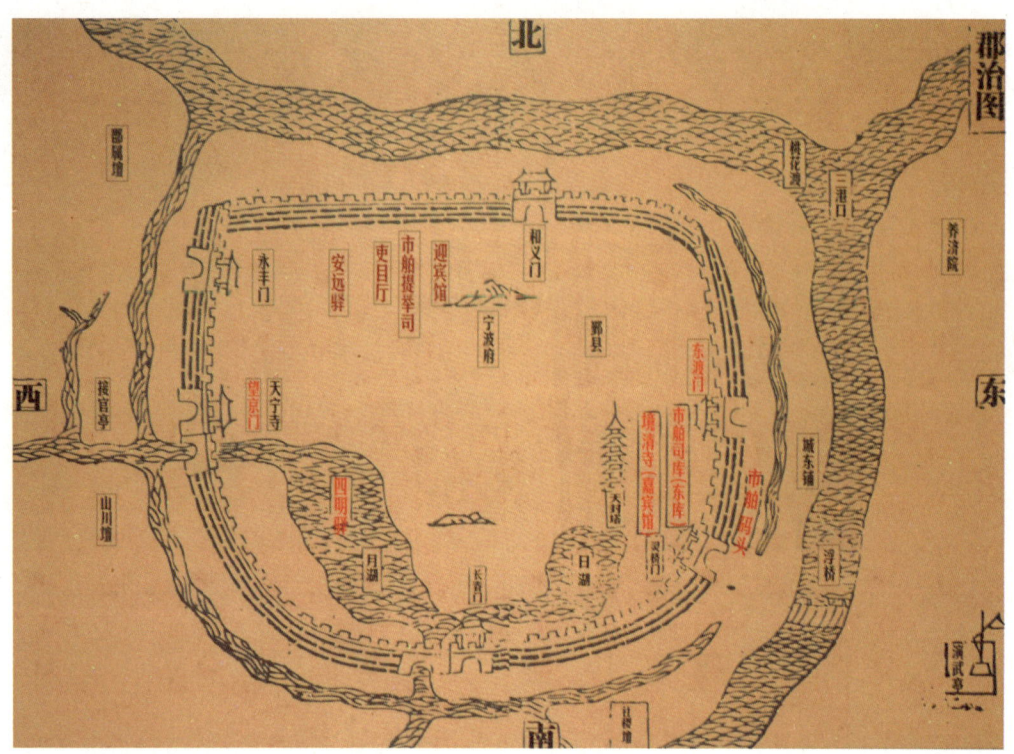

明代宁波市舶机构示意图

个空亭子。造型看似现代而气派，当你步入其中发现亭内的碑文，才知道这里承载着厚重的历史，原来这就是古代"来远亭"的遗址。根据碑文记载，来远亭初建于南宋乾道年间（1165—1173），到宝庆二年（1226）重修，并更名为"来安亭"。

"近悦远来"四个字是儒家的理念，亭名"来远"，可见宁波人对外开放的包容度，而古代的来远亭，并非是一个招待客人远来辛苦安坐小憩的凉亭，而是相当于现代出入境通关窗口的一个受检点。据考证，古时候凡是外来载货船舶到宁波港靠岸后，都必须在来远亭检点货物，办理有关手续后，才能进入市舶务门，然后再运至市舶务内的市舶库贮藏。偶尔有些船只没办好手续，就不允许登陆，而这一等往往就是一个月。

商船过了来远亭，还要到市舶务，很多人难免会问，"市舶务"又是什么？市舶务的正式名称应该叫"市舶司"，是古代官方为管理海外贸易、

罗濬撰宝庆《四明志》书影

征税以及接待外商而特设的一种专门机构,其主要职能相当于现在的海关。当然,不同朝代的称法也略有不同。从唐至元,一直统称"市舶";到了明代,由于朝廷只以"朝贡"形式开展对外贸易,所以市舶变成了"贡舶";而明朝后期一直到清朝初期,随着海外贸易的再度兴起和扩大,贡舶又改回来叫"市舶";最后在清代,就把市舶司设置为"海关"了。至于明州市舶司的具体办公地点,据宝庆《四明志》的记载,主要是"在子城东南,其左倚罗城",也就是在现在的东渡路世贸中心一带,毗邻江厦公园中的来远亭。

市舶司在历朝历代的兴废,首先并不取决于宁波对外贸易的发达与否,而主要在于国家层面整体利益的考量。例如两宋时期,朝廷每年要向北方强邻输纳的钱物也就是"岁币"的数额巨大,而抵御外族入侵更需要浩繁的军费,所以总的来说官府的财赋压力很大,既要"节流",也要"开源",必然会把目光投向海洋。

这在迁都杭州、偏安一隅的南宋时期自然表现得更为迫切,南宋朝廷通过海外贸易来增加国家税收，降低财政赤字的风险。明末清初，顾炎武曾在《天下郡国利病书》中写道："(宋室)南渡后，经费困乏，一切倚办海舶，岁入固不少。"南宋的开国皇帝高宗赵构就很明白这方面的道理。

《宋会要辑稿》中记载他说过："市舶之利最厚，若措置合宜，所得动以百万计，岂不胜取之于民？朕所以留意于此，庶几可以少宽民力耳。""市舶之利，颇助国用，宜循旧法，以招徕远人，阜通货贿。"正是基于"中兴之主"出于经济利益的考虑，南宋一朝外贸行业特别兴旺，朝廷甚至主动采取许多优惠措施，以吸引外国商船来华贸易。

明州与泉州、广州一起，理所当然地成为当时全国的三大对外港口。但到了明朝，开国皇帝的想法完全不同了，因为天下初定，方国珍、张士诚、陈友谅等原先割据一方自立为王的"老对手"被打败后，残部很多都逃到了沿海岛屿甚至远渡海外下落不明，对于政治上高度敏感、手段上一贯铁腕的明太祖朱元璋而言，这些人都是潜在的威胁，如果仍旧保持原有的海运贸易势头，就极有可能"引狼入室"，让这些反动分子里应外合乘虚而入。因此，他曾明确谕示各级官员："朕以海道可以通外邦，故尝禁其往来。"出于政权安全的考虑，明朝政府便开始实行"海禁"政策，寸板不得下海。

明朝的"海禁"长达二百余年。但海禁只是严禁中国船只出境，倒也没有完全禁止外国船只来华。但是外国人来了，也受严格限制、诸般苛刻。只允许来朝拜的国家以"朝贡"的形式到中国进行贸易。所谓"朝贡"，也就是外国向中国朝拜并进献贡品，明政府则"彰显"大国风范，也不白拿他们的，而是依照市场价值给他们赏赐，所以说朝贡本身既属于商业行为，也属于政治行为。

明朝开放朝贡的港口只有三个，即宁波、泉州以及广州，且三地各有专属的接待对象。《明史》中写明"宁波通日本，泉州通琉球，广州通占城、暹罗、西洋诸国"。也就是说，在明代，宁波江厦是官方指定允许接待日本"贡船"的唯一港口。

而且，明朝的中央政府还特意为保障中日双边贸易而制定专门的条约,那就是在永乐二年(1404)中日两国签订的勘合贸易条约,史称"永乐条约",于是中、日之间从此开启"勘合贸易"模式。按照规定,中日双方互相颁发"勘合符",凡是由日本开往中国的贡船,每条船上都要带上一道勘合符,上面记着朝贡人员的姓名及货物种类和数量等内容,到达宁波后将勘合符递交当地管理部门,然后官府连人带货护送进京,到京后再与礼部存档的勘合符进行核对,以辨真伪。中国商船到日本贸易亦然。从形式上看,勘合符类似于秦汉时期调兵遣将所用的虎符,将符一分为二,当事双方各持一半,只有当两件信物一起出现时,其作用才能生效。

　　正是因为勘合贸易这般"麻烦",从永乐二年到嘉靖二十六年(1404—1547)的140多年里,日本到中国进行贸易,有记载的总共才17次。机会难得的中日贸易到底给双方带去了些什么呢?日本向中国输出的,根据日人木宫泰彦所著的《中日交通史》记载,主要有硫黄、铜、扇子、刀剑、漆器和屏风等贡品,而以硫黄的数量最为惊人。同时,中国则向日本输出了更多种类的商品,根据明朝郑若曾《筹海图编》记载,除了大量铜钱以外,主要还有书籍、丝绸、唐伞、瓷器、砂糖、铜器、陶器、丝、丝棉、布、绵绸、锦绣、红线、水银、针、铁链、铁锅、古文钱、古名画、古名字、古书、药材、毡毯、马背毡、粉、小食笼、漆器、醋等等,其运载商船也是必经江厦码头。

"大卫"新雕像落户甬城

五洲四海聚江厦

若是一个晴天,漫步在姚江畔宁波大剧院的沿江音乐广场时,我们的目光很容易被广场上矗立的一尊雕像所吸引,那是一尊高大威武的青铜像,他叫"大卫"——没错,那就是欧洲文艺复兴时期意大利的艺术巨匠、佛罗伦萨人米开朗基罗的代表作"大卫"的复制品。这是2006年意大利"中国文化年",佛罗伦萨市送给宁波市的一份珍贵礼物!

"大卫"雕像的原作现藏于佛罗伦萨市阿卡德米亚美术馆,而此前只存在过两件复制品,一件青铜复制品安置在米开朗基罗广场,另一件大理石复制品则安置在佛罗伦萨市政厅广场。换言之,在来宁波之前,"大卫"还没出过国,甚至从未离开过他的家乡佛罗伦萨。然而这位"美男子"最终还是不远万里漂洋过海来到中国,落户宁波,站在美丽的姚江岸边,见证佛罗伦萨与宁波这对友好城市的深情厚谊!

这样的夙缘,或许来自古老的东方大港之于同样古老的欧洲文艺之

子城出土的波斯陶

都的魅力吸引。2005年初,时任宁波市副市长的余红艺女士出访意大利,在佛罗伦萨参观市政厅的古代地图收藏室时,无意中发现一份制作于16世纪的意大利人手绘油彩中国古地图,而地图上江南一带被标识的城市竟然只有宁波!是的,宁波,传播友谊与文化的种子原来早已在异国他乡被珍藏起来。

因友情浇灌而绽放的鲜花在亚洲开得更为绚烂。每年春季,3、4月份之交,天气晴好的时候,位于北斗河边的海曙公园内,总是人头攒动,笑声朗朗,因为,这里种着20多株樱花树,樱花盛开的时节,花瓣翻飞,落英缤纷,望过去洁白胜雪,煞是好看,引得大家都来赏樱。这些樱花树其实并非宁波土生土长的树木,而是1983年日本长冈京市与宁波市缔结友好城市关系后送给宁波的礼物,宁波市政府就将它们栽种在了海曙公园。

一晃三十多年过去了,美丽的樱花年年都会在明媚的春光中守时地开放,灿若云霞,惹得市民纷纷驻足观看,流连忘返。海曙公园内的日本樱花,早已成为宁波人心中一个长久的念想,四季轮回中,人们总会在这

座城市日新月异的变化中去找寻那些不变的美,站在樱花树下,长冈京与宁波友好交往的那些往事似乎还都历历在目吧。

不论是意大利的青铜雕像还是日本的樱花树苗,当年,都是通过国际航运送到宁波的,海运,再一次凸显了对于港城宁波的意义。"海客谈瀛洲",海洋交通所传输的不仅仅是商品,更包含了文化。自古以来,宁波不但是与世界各国和地区进行商品流通的大埠,而且还是汉文化交流的重要窗口。

古代明州在海上丝绸之路上的重要传播特点是向外散播。这是由于古代明州文化底蕴丰富,在与外来文化的碰撞中汉文化始终占主导地位,目前宁波散落在世界各地的遗迹、遗物相当丰富,影响面颇广。这样的遗迹、遗物在宁波城内也比比皆是,而且,几乎都围绕着江厦这个核心区域,可谓五洲四海聚江厦。

2015年3月,在海曙区主办的"寻'海丝',游海曙活动"中,30名市民在杨古城、周东旭等文保人士的带领下,遍寻散落在海曙大街小巷的海上丝绸之路文化遗存,而波斯巷就是其中重要的一站。恐怕很多老宁波人都不知道有"波斯巷"这条巷子的存在,其实它就在日新街宁波第二百

雪舟绘《山水长卷》

货商店的边上,处于天一商圈的黄金地段。

据《宁波港史》记载,北宋时,波斯商人经常坐船来宁波做生意,在他们的聚居地,当时的政府还特地设置了一个"波斯馆",波斯巷也因此而得名。宁波市区曾多次出土波斯陶器。十多年前,波斯巷附近还出土过一块墙基石,上面画着一个阿拉伯人牵着一条波斯狗,间接证明了古时宁波确有波斯人居留生活。

当然,从文化影响力的角度来说,宁波之于东亚的作用要远大于西亚,在宁波向东亚诸国文化辐射的范围内,受影响最大的,毫无疑问要数日本,毕竟,宁波港曾长期作为许可日本人士登陆中国的唯一口岸。单是有唐一代,著名的遣唐使阿倍仲麻吕、吉备真备和学问僧最澄、空海等日本文化代表,都或坐船来到宁波,或从宁波搭船回国,将他们所学到的中国文化带回日本,广为传播,发扬光大,成就了日本文明的新高度。如果说遣唐使的主要目的地是首都长安,明州还只是他们的中转站的话,那么明朝时泛海来华的日本友人则更愿意留在宁波学习先进文化,譬如大画家雪舟。

雪舟在日本被尊为"画圣",艺术地位之高,可谓无出其右者,他原姓小田,自幼出家,酷爱绘画,据说就是因为仰慕唐朝柳宗元的名句"孤舟蓑笠翁,独钓寒江雪"而自号"雪舟"。雪舟在明宪宗成化四年(1468)五月,随同以天舆清启为正使的日本第四次勘合贸易船来到宁波,上岸后,他去了天童寺并借住在寺中。

作为画僧,天童寺之行,雪舟既是求法礼佛,也是研习画艺。在宁波期间,雪舟广泛吸收宋元明等历朝名家的技法,得元人淡墨山水之精髓,后来成为开创日本水墨山水画的宗师。雪舟还以宁波城垣入画,美国波士顿美术馆珍藏有雪舟的名作《唐山胜景图卷》,画中局部包含当时宁波府城繁华的风貌,城墙沿江而立,江边舟楫如林,天封塔在远处高高耸立,想是雪舟初到宁波,在三江口来远亭上得岸来,必定立马为眼前富庶繁荣的城市景象所震惊,于是画出如此逼真的作品!

雪舟在宁波不仅学到了画技,更交到了不少当地的朋友,结下了宝贵的国际友情。这其中,宁波文士徐琏堪称他最好的朋友。因为徐琏精通日语,所以早在日方人员登岸之初,宁波官府就委派他作为雪舟一行的陪贡和翻译,自此长期伴随雪舟游历中国,成为莫逆之交。

次年,1469年4月,当满载收获的雪舟又将从三江口起航归国时,徐琏特意为好友饯行,并作诗赠别,他饱含深情地写下:

> 家住蓬莱弱水湾,风姿潇洒出尘寰。
> 久闻词赋超方外,剩有丹青落世间。
> 鹫岭千层飞锡去,鲸波万里踏杯还。
> 悬知别后相思处,月在中天云在山。

这样动人的诗句,在千百年的历史长河中,或许曾无数次地在三江口的来远亭写就,送别了一批又一批仰慕中华文明的外国友人,运走了一船又一船蕴含百科知识的珍贵典籍。当孤帆远影于碧空将尽之时,相信船上的外国朋友也定会回头久久注视港口的方向,嘴里喃喃地念叨着:"再见,宁波,难忘这片中国海!"

今日之宁波，早已成为我国进一步对外开放的前哨，既是14个沿海开放城市之一，又在全国仅有的5个计划单列市中占有一席，位居副省级。而宁波舟山港作为国际深水良港，2016年实现货物吞吐量6.65亿吨，完成集装箱吞吐量2282.6万标箱，两项指标均名列中国大陆港口第三位。

开放的宁波，不仅创造了无限商机，更以"港通天下"的气魄，敞开怀抱，笑迎八方来客、四海宾朋。自1983年以来，宁波已先后与日本长冈京市、德国亚琛市、美国威尔明顿市、法国鲁昂市、新西兰怀特克里市、巴西桑托斯市、匈牙利维斯普雷姆市、南非纳尔逊·曼德拉市、保加利亚瓦尔纳市、挪威斯塔万格市、英国诺丁汉市、波兰比得哥什市、意大利佛罗伦萨市等世界各国知名城市缔结友好城市关系。五洲四海的相聚，又怎能忘记江厦？

三江口今江东北路书城附近（包腊相册，1870年）

商运船帮南北号

宁波通商，源远流长。宁波港是中国最古老的港口之一，春秋之句章港，唐之明州港，元之庆元港，明朝始称宁波港，一脉相承。宁波建城历史悠久，港城文明灿烂，一直是我国重要的贸易口岸，尤其自南宋定都临安后，出台鼓励海上贸易的政策，宁波港逐渐成为重要门户，交通频繁，海运陆转，舟楫所至，北达燕鲁，南抵闽粤，西迤湘鄂皖赣，万商云集，成为浙东唯一的吐纳口岸。

旧时，商业船帮停泊在三江口一带，昔日荒凉的"斥卤之地"，也逐渐发展成为甬城繁荣的商业区。1191年福建船主沈法询在江东立一尊天后神龛，因为有了天后娘娘的护佑，福建商船逐渐在宁波联合成帮，算是商业船帮在宁波最早的雏形，福建船帮经办木材，信用卓著，声誉极高。元朝统一中国后，北路航线得以恢复，山东、江苏商人陆续来甬。

众多南北商人依托宁波港的优越地理位置，逐渐走下商船，在宁波定居，与本地商人合作。他们纷纷开设商号，打造船只，既搞运输，又搞销售，逐渐形成地域观念极强的商业船帮，这就是饮誉大江南北，持续700余年之久的宁波商业船帮南北号,"每遇广船初到或初开,邻舟各鸣钲迎送,番货海错,俱聚于此"的景观,实为江厦一带南北号所独有。

宁波商市,着重海运。位于三江口的江厦地区便于集散,所以商业船帮南北号咸集。经营南方贸易的商船叫作"南号",或是"南帮",他们是福建木行的外帮,主要采购福建的木材,销售于长江流域,贸易往来范围极大,同时还夹带烟叶、纸札、白糖、靛青(颜料)、桂圆、荔枝、药材等土产到宁波转口发售;商船自宁波放空回去时,又把明矾、绍酒、咸干货、三北棉花等宁波土特产销往福建的南台、泉州、厦门等地。这个外帮不同于分布于城乡各镇的里帮木行,他们为谋团结而图扩展起见,共同组织南号会馆于江东木行街。

经营北方贸易的商船叫作"北号",或是"北帮",采购山东齐鲁的红枣、黑枣、核桃、瓜子、花生,江苏的咸蛋、板鸭、栗子、金针等,经过宁波销往南方各地;商船自宁波放空回去时,将宁波所产之棉花、茶叶、毛竹、笋干、明矾、黄酒、腐乳以及鱼胶、海蜇、虾皮、淡菜干、咸鳓鱼、黄鱼鲞、海蛰皮等咸货,运往上海、青岛、烟台、营口等地出售。营业出入万金,当时北上的商运货船,常遇风浪和海盗之艰险,平均需30—60天,如遇顺风,可稍提前,若有不测,航程延长。每舟全年来回三趟可称顺利,倘能多放一次,各号都笑逐颜开,必定额手相庆。

两宋以来的南北号商运事业,却因明、清两朝的持续"海禁"政策而几乎窒息,直到清嘉庆、道光年间,"海禁"渐弛,南北号商运又得恢复,到道光年间进入了历史发展的黄金时期。当时,聚集在三江口一带的商业船帮总数不下六七十家,约有大小海船400艘。其中实力最强的有福建帮15家,宁波北号9家,南号10余家,是当时宁波港海上贸易运输的主要力量。南北货物到此之后有些上岸,有些继续换船沿京杭大运河走,为适应江海滩涂的特点,防止触礁,北方商船的船底是平的,南船船底是尖的,世人能轻易辨认。

南号木行经营的木材,用帆船装运来甬,过往洋面常遇风浪或台风危险。在封建时代,百姓只能依靠迷信或民间信仰寄托对航船平安的希望,

福建会馆外景　　　　　　　　　　　　　福建会馆内景

南号鼎盛时期,在清道光三年(1823)建立南号会馆,取名"安澜",塑立天后娘娘神像,意在仰赖神佑,安定波澜。组织会馆的目的在于保持同行团结,制定行业规章,共图事业发展。会馆管理井然有序,内设司账、文案、司书、庶务、办事员、勤工、厨司等一二十名工作人员。会馆所需经费,从每家木行的进口额中抽取厘金,足够每年日常支出。

南号木行的外帮完全经营建木,绝对禁售温州杉木。这是南号的成规,是垄断的主旨,每一会员为了保护本业利益,严格遵守。木行组织多是合资,大者资本二三万元,股东股实,负无限责任。南号商船将木材运至木行后,以木行出售木材,须加10%佣金,但还要向清政府交纳一笔牙帖税。旧时,聚集在三江口一带的那些资材雄厚的南号木行,大做乍浦、长江、上海各帮的放账生意,先货后银,听开汇票,至甬照汇,中途倘遇事故,汇票由会馆垫解,保持信用,这些都足以证明宁波南号木行充实的经济能力,显示了他们在市场上的信用。

北号所拥有的商家和船只,数量上不及南号,但经营的规模和能力却相当可观。其中公一、敦大、复大、祥和、余源润、立生、新泰、淇春实力最强,有自置1000担以上的三帆大船四至五只,运装货物,往返南北,每一

甬东天后宫一带——安澜会馆、庆安会馆和常关

次装货数量,北货载额重,南货载额稍轻,南北货相平,往返一趟在500万斤以上。这几家实力最强的商家,称为"大同行"。其次资金实力较弱者,统称"小同行",有源润泰、安泰、洽泰、新顺等。又有振新、元春等"小货行"。

北号在办货运输方面,除甬产货物派员赴产地采办外,都在山东半岛的胶东、龙口、烟台,辽宁营口、大连等处设立分庄,派定一至三人,常年居住客地,负责随时报信、采运等事务。所采北货红枣、核桃、花生、黄豆等,给江厦街的正源、晋大、慈和、德和、福记等牙行代销;花生油、豆油、豆饼等油料,售给乾美、乾源、老恒茂等各油行。

南号会馆设立30年后,北号会馆由以费纶金、费纶志等10人为首的北号舶商捐资10万白银建成于咸丰二年(1853),取名为"安庆",寓"海不扬波兮庆安澜"之意,后改为"庆安"。庆安、安澜两会馆相邻,距离二三十米,同时供奉妈祖。会馆内部各设航运行业董事会办公室,负责处理日常事务、解决行业纠纷、谋求业务发展,还举办社会福利事业等。当年那南北会馆的一举一动,都会给宁波商界带来不小的波澜。

南北号开始走向衰落,大概是在第二次鸦片战争(1857)后。当时外

宁波庆安会馆外观

国侵略者夺取了我国沿海、内河的贸易权,外国在华的航运势力急剧扩张,外国轮船公司操纵、把持沿海和内河的航运业。当时宁波南北号所经营的旧式帆船,在快速、安全、价廉的外国新式海轮排挤倾轧之下,无法与之抗衡。外国商船不但带来了大批洋油、木材、烟叶等洋货倾销宁波市场,也贩卖中国的南北土货到各通商口岸,使南北号市场日益萎缩。如此一来,对南北号商运事业的摧残无疑是十分惨重的。

  1937年日本全面侵略中国后,全国水陆交通阻滞,南北号经受各种打击已困难重重,所置大帆船连年失事失修已存无几,此时又遭侵略军掠夺,事业更难维持。抗战胜利后,因轮运须缴纳捐税,南北号联合要求装帆免税,虽然获得允准,但其他各项捐税叠加,市面不景气现象日增无已,业务萧条,朝不保夕。从此,在宁波商业和航运事业上夙负盛誉的南北号商业船帮只成了历史上的一个名称,只留下了南北会馆。

20世纪50年代姚江桃花渡,可见天主教堂和新江桥(浮桥)

风吹桃花下西洲

1861年,英国圣公会传教士慕雅德和妻子新婚后来中国传教,第一处便是宁波。二十多年中,他学会了说一口流利的宁波话,在这里办学、传教,子女亦出生于此,度过了一生中最好的时光。《在中国的半个世纪》记录了这一珍贵经历,开篇就说当地有一句俗话,夸张中带着持重:"Traverse and search the whole wide earth, and after all what find you to compare with Ningpo's River-hall(走遍天下,勿及宁波江厦)。"那些如今在英国蒙尘的书籍和杂志里,有他的江厦岁月。

这个一百五十多年前的外国老宁波,不仅走遍各处,还熟悉这个"水波宁静的城市"(The City of The Peaceful Wave)的众多传说。他在书里如数家珍:在新江桥附近曾经有个古渡口,叫桃花渡。在古代,河流里有

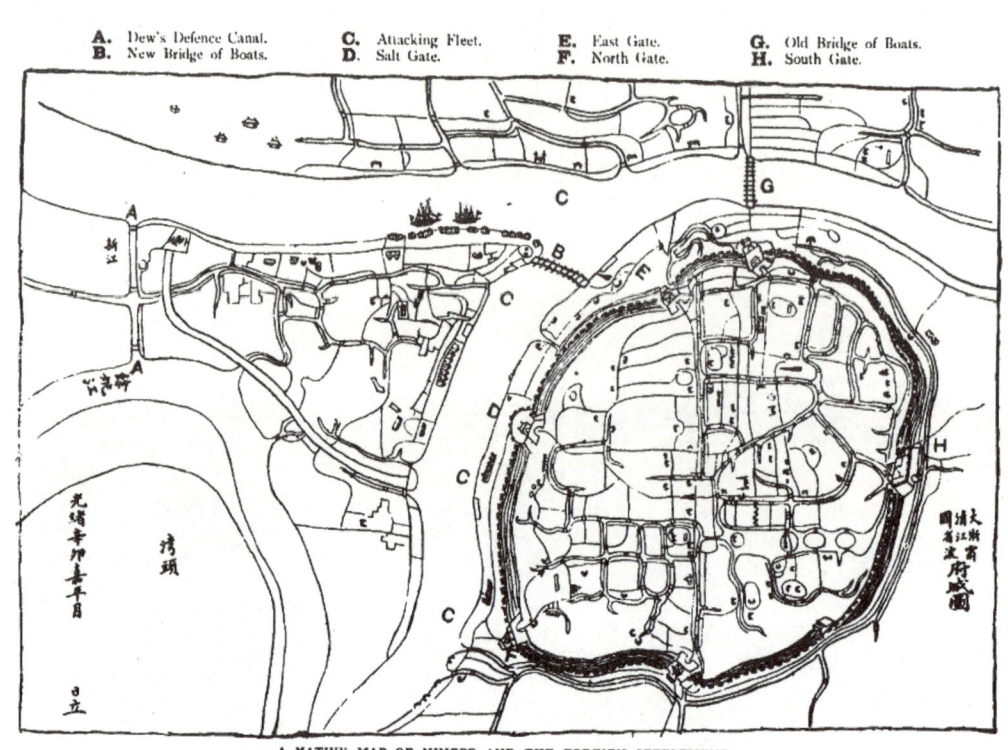

1891年《宁波府城图》

恶龙，村民每年必须供一个男孩和一个女孩，否则便会河水肆虐。在公元618年的一日，官员黄晟路过桃花渡，遇到一对夫妇带着两个孩子在河边痛哭，才得知原委。出于怜悯和义愤，他骑马到龙现之地，携菖蒲剑一跃而下。河水被染成了桃花红，一龙一人，都再也没有浮出水面。与此同时，因为龙的死亡，城里涌出了一口池塘。为了纪念黄晟，当地人在池塘旁修建了寺庙，还于每年五六月在门上悬挂菖蒲以纪念。慕雅德同时也为这个古代的英雄叹息——桃花渡已经不在了，他的灵魂必须忍受如今的喧哗，看着小火轮行驶在他当初跳下的地方。

然而，更大的喧哗还在后面。慕雅德在《太平天国中的宁波：1861—1863》里以当事人的身份，记录了那一段不太平的年岁。文章刊登在1906年的《东亚杂志》，前页用了一张1891年的《宁波府城图》，他在标志性的地段标了英文字母，又在上方写了注脚。当年纷繁紧张的局势便呈

新江桥

现在了平面上——B 新江桥和 G 老江桥之间，右侧是 E 东门，左侧是宽阔的江面，上面只写着一个 C，即表示时刻准备进攻的英法舰队。

1861 年太平军占领宁波老城厢后，首领"小镜子"（潘小镜）和各国领事达成协议，不会侵扰西人的居住地。圣公会的传教点在东门旁，在那里，慕雅德和同事们保护了大量老城厢的居民，然后把他们安全地送到江北。然而这样的安稳也还是难得，局势变得益发险峻。于是局面逐渐发展成地图上的样子，一端是被控制的老城厢，一端是江北外滩居住区。英美法三国为便利兴建了新江桥。1862 年 4 月，太平军将领范汝增从南京封王归来，一百多艘画船一字排开，所有的兵士都聚集在东门口迎接。而此时，法国军舰宝星号也静静停泊在东门附近，开了第一炮。

在卷帙浩繁的英文书籍里，还有更多有关江厦一带的记忆。1911 年美国地理协会的刊物介绍了灵桥和新江桥这两座用船只搭建而成的浮桥。长老会在1921年的会议上报告，东门附近有一个针对男子的宣教点，可容纳一百人，每晚都有布道，门一开就会被坐满。

《聊斋志异》中有一则"西僧"，说西域传言中国遍地黄金，观音、文殊犹存，至则成佛。一行西僧前来朝圣，途中经历万般艰险，出发时有十二人，到中国只剩两个了。蒲松龄看透其中吊诡，"听其所言状，亦犹世人之慕西土也。倘有西游人，与东渡者中途相值，各述所有，当必相视失笑，两免跋涉矣"。现在走在江厦街头听英文歌或看英文书的人大概不知道，当年桃花渡那一片桃花红，早已在百年前流到了西方。

【三】

旧日街道亦熙攘

旧日江厦街一带，两旁可见林立的店铺

半边街上多鱼行

江厦街，地处新江桥与灵桥之间，位于如今江厦公园一带，形成于唐宋时期。清咸丰、同治年间，南至福建广东，北到河北山东的众多物产都于江厦码头集散，清人胡德迈《甬东竹枝词》曰："巨舶帆樯高插天，桅楼簇簇见朝烟。江干昔日荒凉地，半亩如今值十千。"一语道尽昔日的繁华景况。

在20世纪40年代以前，潮起潮落，船进船出，半边街上日夜喧哗，曾是江厦一道最独特的风景。不少老宁波人或许还依稀记得，从水弄口到灵桥一段大都是木结构的矮平房，略显低矮逼仄，小街由条石铺成，终日地面潮湿，行人至此，鱼腥之味充鼻，不消说，那必定是半边街了。不买水产者，多不走此街，改走东渡路。

"半边街，街半边，半边奉化江，半边是鱼行。"这条街面对奉化江，江边筑有巨大条石砌成的石坎道头，专供泊船和货物上下，曾一度停泊着数以百计大大小小的渔船，陆游在《明州》诗中所言"街畔有船衔尾泊"，就是描写此地景状。

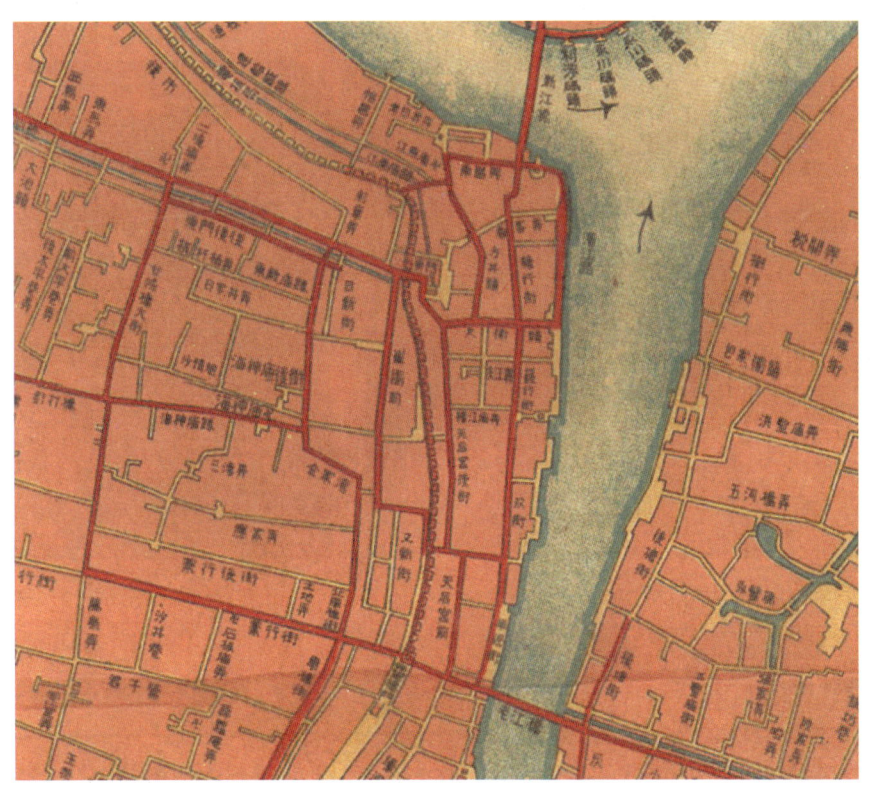

1929年《宁波市全图》

但逢鱼汛旺发之季,江面白天桅樯林立,风标微摆,一到夜晚,灯火点点,灿若繁星。半边街上几乎全是鱼行,门市兼营批发零售业务,鱼商客户,纷至沓来,呈半边聚拢之势,故称"半边街"。20世纪50年代前,半边街一直是城内最大、最兴盛的鱼市场。沿街有二十几家鱼行,大大小小挤满整条小街。

半边街的街面狭窄,当时未见汽车,脚踏车也偶见,过往之人皆是肩挑、步行,只有少数几辆"黄鱼车"来往。街面虽略显袖珍,但也不显拥挤,但江南漫长的梅雨季一到,几乎整条街弥漫着鱼腥臭气,也为当时甬上之独有景状,尽管如此,鱼行前照样熙熙攘攘,交易繁忙。

但半边街最热闹的时刻不在白天,却在夜间。渔船上的渔民抬着装满新鲜水产的筐篓上岸,鱼行的伙计忙着卸货、过秤入行。子夜时分,城

渔业

郊四乡的行贩挑着担子麇集于此，前来行货，或发货到内河航船中，直到东方既白，天色拂晓，闹市结束，于是鱼行伙计纷纷担水洗街，故一年到头，半边街一直是湿漉漉的。

宁波地处宁绍平原的末端，濒临东海，渔业资源丰富。甬城百姓顾家必丰，饮食上对海味极其讲究，"黄鱼鲞""螟蜅鲞"等口腹之欲，不输苏杭。但由于条件限制，最早的鱼鲜不能直接运销各地，多就地加工腌制，然后销往聚集于半边街上的鱼行。19世纪中叶的"公茂"鱼行，可能是甬上鱼行第一家。"公茂"领有"牙帖"，曾向清政府交纳"牙帖税"，渔民运来鱼鲜，必须投行出售，鱼行从中抽取佣金。1850年，云集于半边街的"敦守公所"，可能是宁波水产业最早的行业组织。

随着交通和渔业的并兴，半边街一带鱼行林立，旧时渔船下海俗称"赶洋山"。东海各地渔帮捕鱼之后，须日夜兼程追逐各类鱼汛而不回港，由于当时宁波人口众多，各类鱼货由冰鲜船收购运至半边街交易。鱼鲜交易另有规矩，渔船和小商贩不能直接买卖，中间必须经过鱼行的中介。这些渔帮因缺乏文化，兜售鱼货时常请人过秤算账，事后支付佣金报酬，逐渐催生"秤手"这一行业。

众多鲜货行多设在半边街,旧称"外行",当时有宏源、洪顺、万泰、鸿昌、东升、慎生、海丰、大昌等鱼行20余家,他们只收购、营销鲜货,大多只设账房一间,一把算盘几杆秤,均不设仓库,自己并无货物交易,不需本钱,全靠"秤手"从交易中赚取佣金,宁波人称之为"呒本生意"。但凡能做起这"呒本生意"的,绝非等闲之辈,他们或有财或有势,或成帮或成派,都有几分江湖来头。

就连鱼行的"秤手"这个旧时宁波行当,也非一般人能胜任。他们头戴瓜皮帽,身穿"香云纱",个个身手不凡,双瞳才锁秤花,嘴巴即能报出精准的价格,还有评定鱼货等级、过秤高低的权力。这些行动利索、思路敏捷的"秤手"都有各自"老大"做靠山。江湖"老大"们有各自的地盘。小小的半边街曾是各路帮派势力争斗的据点。20世纪40年代,洪顺、万泰、鸿昌三家鱼行几乎控制着整条半边街上的鱼市,鱼价之高低几乎由"秤手"们咬咬耳朵决定。

东海各地渔帮运来的鲜货,分别交由各自鱼行代售,鱼行提取佣金一成左右,鱼货结算除却现金之外,还有"咸单"或"鸟头票",好比今之承兑汇票,结算的信用承兑,偶起金融调剂之便利。鱼行趸批甬城各生鲜货铺,月内收款,售于城内居民则需现金交易。

东海的大黄鱼、小黄鱼、墨鱼、带鱼都是洄游性鱼类,各有汛期。舟山一带的渔民按照汛期捕捞后,运到最便利的港口去出售,鱼行交易活跃的半边街,往往起着推动宁波经济繁荣的作用。据《浙江月刊》载,光是1933年,宁波鱼行业的营业额达到七百余万元,较1916年增加一倍。鱼货也可加工成各类鱼制品,由这里集散,运销至全国各地。

鲜为人知的是,1927年,蒋介石发动"四一二"反革命政变后,半边街曾一度成为共产党人进行地下活动的场所。时任中共宁波地委书记王家谟同志,为整顿恢复党组织,多次变换住宿地点,化装成黄包车夫和卖鱼小贩,住在半边街鱼行的阁楼上,继续与各县负责人联系。他们多次在半边街召开秘密会议,设法营救被捕的同志,这些过往,也为半边街添了一笔神奇。

双街 — 江厦码头

双街遍布咸货行

1930年前后,江厦街有了"法定"正名,半边街、双街、钱行街和糖行街的称呼就成了历史。有人常搞不清四条街的位置,更有甚者,还错将双街与钱行街混为一谈,因为久远,也在所难免。四条街的地理位置大致如下:走完半边街,即到水弄口,此处沿江边到天后宫有条窄通道,与半边街平行而北的东渡路与这条东西走向的窄通道相交错,由南而北分成双街和天后宫后街,双街位于整个江厦街的南段,中间是钱行街,最北是糖行街,糖行街的尽头就是新江桥了。

紧挨着奉化江的半边街,处处鱼光鳞影、雨咸风腥,分布大小不等的鱼行,一直是城内最大的鱼市场。中间以水弄口为界、紧邻半边街的双街,

店铺林立的江厦街（格雷戈里的中国摄影集）

房屋显然要比那些鱼行高大、整齐些，而双街比半边街还要短，街面不过四五米，每隔几间屋面就有一道拱形的防火墙。这些房屋几乎为中式木结构，开着不少咸货行，这些咸货行的门扇均用"排门"，用宽约4寸的长条木板左右榫扣，清晨卸下、傍晚上扣，白天店堂全部敞开经营。

双街上的咸货行很有特色，世代居此的老宁波人称半边街上的鱼行为"外行"，称双街上的咸货行为"里行"，所谓里外相应，为大量鱼货的集散地。1949年前，声名远播的四大咸货行中，"方悦来"和"邵泰祥"就开在双街。这些"里行"不仅有店面，还有储备仓库和后场，即临街铺面之后附有加工场，深邃的场屋可一直从街面通往奉化江边。

半边街的新鲜海产品以供应甬城居民为主，双街的咸货、干货除供应本地居民外，还远销至福建、江西、湖南、四川等地。市面上的咸货种类繁多，大多都出自这里。如咸货中的三刨咸鳓鱼、三矾海蜇头和白皮子、咸带鱼、咸鳗、咸烤虾、红膏炝蟹等；鱼干中的黄鱼鲞、乌贼鲞、鳗鲞、鲚鱼丝鲞、虾皮、海蜒等应有尽有。除了"方悦来"和"邵泰祥"，较著名的还有鼎恒升、广润、万泰、宏源等咸货行。逢鱼汛旺季，双街一带交易繁忙，攒动着的人头不比半边街少。除此，双街上还有一些为渔船补给的商行，如米行和烟杂店等，淡水与蔬菜则另有小贩上前兜卖。

宁波位于东海之滨，本是海产丰富之地，可是在那洋货充斥市场的年代，洋鱼也照样倾销宁波市场。1949年前，双街的咸货行并非等闲之辈。1932年10月间，宁波市民曾聚集于此，进行了一场反对日本咸鱼进口的斗争。曾任宁波斐迪中学校长的陈里仁先生，写过《宁波人反对东洋鱼进口纪实》，详细描绘了当时宁波人抵抗日本咸鱼倾销的始末。

说来话长，这种日本咸鱼原名为盐鳟，俗称"萨门鱼"，即今日之"三文鱼"。这种鱼最早在1906年由日本财团三井洋行传到上海销售，上海人对咸鱼不甚接受，咸鱼乏人问津，日本人开始向宁波市场试销。多数宁波人向来喜食咸鱼，加之此鱼久藏不坏，将其切块腌在罐中，可随食随取，因此，它在宁波市场上销售量日趋增长。五年后，即1911年前后，宁波双街的咸货行也有商贩叫卖东洋三文鱼，老江桥塅头和沿江航船埠头均有出售，几百包东洋鱼常顷刻销罄。

1906年后这种咸鱼的销量逐年增加，据统计，到1920年，每年进口数量达到10万担。1921到1930年间，更是直线上升，年均达到三四十万担，白银外流数字惊人。自从袁世凯签订了卖国的"二十一条"，又经五四运动及1925年"五卅惨案"，宁波人民自发抵制日货的运动一浪高过一浪。日本咸鱼在宁波的旺销造成浙江咸鳓鱼的滞销，直接威胁沿海渔民的生计。渔民们和社会上有识之士多次强烈要求政府出面与日本交涉，制止他们的不法行为。国民党立法委员、奉化人庄崧甫也曾电告蒋介石及有关部门，设法保全领海主权，保护渔民生计，但收效甚微。民间自觉抵制力量兴起，坊间谣言流传：若将日本咸鱼与糯米饭同吃，就要中毒身亡，谣言越传越玄，购有咸鱼的甬城百姓纷纷将其倒入江河。一时，日本咸鱼的生意一落千丈，一度无人问津。

可好景不长，在"一·二八"沪战后，国民党政府与日本签订了"淞沪协定"，日本商人迫不及待地策划咸鱼出口，他们借用上海英商安利行的名义，经过周密布置，与宁波的宏源鱼行串通，在1932年7月，打算装运300担日本咸鱼到双街。同年10月，宁波市民发起了一场反对日本咸鱼进口的斗争。

宏源鱼行经理曹国香串通双街上的同业，并勾结国民党县党部主持下的"反日会"职员，聘任曾任小学教员的项莲僧担任"买办"。当时的300担日本咸鱼尚未卸下轮船，群众得到风声后来到轮埠拦阻，码头上人山人海，不准日货上岸，人群东起海关，西至新江桥的外马路，拥挤不堪，人头攒动，人力车皆不能通过，群众情绪高昂，要求惩治卖国贼，惊动了公安局长和县党部书记。几天后，有群众知道是"宏源"鱼行所为，爱国群众立刻涌进鱼行，曹国香见势不妙从后门溜走，"买办"项莲僧与群众对峙，毕竟势单力寡，霎时被打翻在地，后经人送往医院抢救，虽保全生命，却被打瞎左眼。随后群众将栈内的部分日本咸鱼抛入奉化江中以泄愤，300担日本咸鱼始终未卸下轮船，无奈只得返沪，宁波人一场自发性的爱国斗争就此胜利结束。中国渔业公司董事长黄振世在《东洋鱼倾销宁波始末》中也详细记载了发生在双街的这个故事，双街咸货行的名气一度传到了"十里洋场"的上海滩。

钱行街

钱行街与钱庄业

旧时,沿着半边街往北走,不久就能看到身穿长衫、头戴瓜皮帽的"钱庄店倌"的身影。俗语说:"江厦大先生,走路慢吞吞!"说的就是钱庄店倌。钱行街名副其实,聚集着大大小小的钱庄,一字排开,这都源于江厦码头得天独厚的地理优势。

钱行街临近三江口江厦一带,钱行是有渊源的,三江口一带是浙东各地工农业产品的主要集散地,在历史上曾经是我国东南沿海的商业枢纽和对外贸易港口。宁波的商人遍及全国各地及海外,钱行街与城中的东大街、药行街等繁华街道相邻交接,钱庄应运而生。

1949年前,宁波的近代工业,无不依赖于江厦钱庄。若要回顾与研究宁波旧时的经济情况,就不可忽略始于明朝中叶的宁波钱业。从活跃市场、调剂金融的角度上来说,在一定的历史条件下,宁波的钱庄业对促进宁波工商业的发展起过重要作用,对于我国近代工商业的兴起与发展也曾起过重要作用。

宁波之有钱庄,大概始于清朝初期。较早的记载是,商业船帮南北号聚集三江口江厦后，钱庄兴起，当太平军进入宁波时，宁波已有好多家钱庄，当时以方钱为本位，流通于市。后因墨西哥鹰洋流入渐多，即与银圆（又称花边）并用。银圆与方钱，每天的兑换率常变，有趣的是，甬城商家为求兑换率标准的统一，商定以大同南货店每天的挂牌作根据，一个南货店犹如风向标。钱庄业为图本身的发展，于清光绪二年（1876）开"大洋拆"（钱业计息中的一种专用名词），把存款利息提高到一分利以上。高利招远客，从此钱行街上的钱庄骤增，逐步兴旺起来。粮食业、鱼行业、药业、南北货等各行依赖钱庄的贷款，也随之发展。

钱行街上的钱庄组织一般为合伙集股制。但凡开得起钱庄的，都是有头有脸的人物，都会有声望卓著的大老板做后台。较大的钱庄股东，有三七市董家、半浦郑家、镇海北乡十七房郑家、王家墩林家、洋墅徐家、柏树方方家、小港李家、仁成李家、腰带河头秦家、江东严家、湖西赵家，还有颜料帮周宗良等，他们都是钱庄业的大后台。

在钱行街中声势煊赫的家族，都有田地、店铺和资金等雄厚资本。他们凭借开设钱庄吸收存款，进而利用所吸收的游资经营各种实业，投机发财致富。这些家族也是早期宁波商帮的代表。如晋恒、鼎恒、复恒等钱庄是以腰带河头秦家股东为主体；信源、衍源、永源、五源等钱庄是以严家、赵家股东为主体；天益、元益等钱庄，以小港李家为大股东。多数钱庄设有经理、协理（副手）、襄理（三肩），下分里账、外账、放账、信房。一般大同行要有20余名成员，小同行和现兑庄至少要有10余名，方能应付业务。每家有四五名练习生。这些练习生都是股东介绍来的，以至后来旅居海外的宁波帮人士，不少是从钱庄的学徒起步的。

清道光年间，宁波钱庄首创过账制度，这是近代中国商事活动中的一大创举，直到抗日战争以前，过账制度才为本票、支票所代替。这种过账制在宁波实施了近100年，对扶助工商业、促进生产、调剂金融、繁荣市场、便利汇兑等都起过积极作用，客观地促进了宁波工商业的发展。

宁波钱业界首创的过账方式是不用现金的。在我国设立银行以前，过账方式更利于发展信贷，盘活生意，手续也方便。具体的做法是，一般

位于战船街的钱业会馆

由钱庄中的大同行将"过账簿"发给商家使用，商家在收付款时，交代货主自己开户的是哪一家钱庄，双方即将货款与往来的钱庄户名载入簿内，交易完成后各自将过账簿交到往来的大同行钱庄内，钱庄将客户过账簿所列的收付款分别抄入"过账"各钱庄名下，次日由各钱庄自行对账无误，分别在各客户过账簿中加盖图章，表示已入账完毕，核实无误后由商家派人领回。

如果遇到外埠商家，钱庄还用一种"存折"给商家使用，往往采用三联票方式往来，商家与钱庄各留有存根。客户在解付货款或作其他用途时，就可开给这种联票。出票人在票头上写明"即发"或"即付"字样。持票人拿到这种联票，必须先到钱庄"注票"。钱庄根据该票的记号，分别予以处理，功能大抵相当于今日的承兑汇票，这也是江厦钱庄的智慧。

更加体现钱行街钱庄智慧的，是大、小同行和"规元"交易，这实则是对整个宁波钱业界所做的经营划分。我国最早的银行为清光绪二十二年

钱业会馆戏台

（1896）设立的商办中国通商银行，这一时期，宁波钱庄也逐渐分为大同行、小同行和现兑行三种，大同行每家资本最低为6万元；小同行每家1万元到3万元左右；至于现兑行，大小不一，统称宁波银钱业。它们除资本上有所区别外，大同行可以参加"过账"定名。譬如当时全市有36家大同行招牌，给小同行以"过账"户名，可以与大同行每天相互过账。

大、小同行相互过账的好处在于，除同业中自己转账外，借贷差额的轧落部分归当天负责主办的值日钱庄，各钱庄每天轮流，保证商家的用款需求。例如商家今天向钱庄透支，计算毛利，现兑行还可收取手续费，但若商家明天即可以将营业货款收入解进钱庄，由欠反存，也不至于在利息上吃亏。而手续费已被大同行和现兑行分摊，这种"吰本生意"做得越多，钱庄的牟利反而要比"升水"做得稳妥。有时候钱庄本身也进行现洋的买进卖出，从中牟利，并平衡供需。

宁波开埠后，宁波人逐渐在外做起大生意，宁波商人遍布省内的杭州、温州、绍兴、金华及省外的上海、汉口、天津、营口等地,每到年终,总有一大笔经营款项从外埠纷纷汇入,数字甚大,都存入钱庄,这就是所谓的"烟囱款",因此宁波钱庄实力愈加雄厚。在第一次世界大战开始后,从1913年一直到1934年这段时期,我国民族工商业有了进一步的发展,促进了"烟囱款"向宁波本埠的回流,所以在这一段时间,钱行街上的钱庄盈利迅速增加。这是宁波钱庄的黄金时代,因此各钱庄除在本市和各乡村经营贷放业务外,也以其多余资金,向国内大城市放贷,光是上海一地,放款额就曾高达二三千万两白银,俗称"放银盘",系长期贷款性质。渐渐地,钱行街开始在华东扬名,"走遍天下,勿及宁波江厦"的背后,是钱庄业的有力支撑。

实际上,甬城本地各钱庄还是以吸收存款为主要业务。存款来源以股东存款为多。封建祀产和公产也是大头,譬如迎风桥陈家"绵绵祀"在宁波各钱庄的存款就有10万元。各大钱庄为争夺存款,偶有倾轧,但对外则团结一致,口径统一,从而操纵了整个金融业。这就是所谓"链条帮"。钱行街上的这种"链条帮"由来已久,牢不可断。

直到1935年,宁波发生了一次金融风潮。"链条帮"逐渐瓦解,这次金融风潮的起因是在资本主义世界经济危机的影响下,上海等地工商业大批倒闭,影响到宁波钱庄的信用,存户纷纷提款。

钱行街的"链条帮"捉襟见肘,应付困难,提存之风加剧。同时,钱行街的影响波及宁波工商业:药行几乎全部搁浅,棉布业萎缩。在此之后,大量的民间存款开始转入中国、交通、农民三家银行。这次金融风潮给银行带去了增加存款的大好机会。之后,上海方面"废两改元",从前的规元交易,改为申洋交易,伸缩弹性不大,规元交易之有利可图的风光不再,因此宁波的钱业也就一落千丈了。

解放初,钱业老板彷徨观望,人民政府颁布有关私营金融业的开设条例,规定凡开设钱庄者的最低资本,要求报领执照。各钱庄心存疑虑,因此向财政部申请登记而批准开业的,不到20家钱庄。在此期间,政府一方面取缔金银投机买卖,一方面加强对钱庄业的监督领导,各钱庄负责人

大轰炸后的江厦街

思想动摇,纷纷申请歇业,钱行街愈加冷落。

1949年9月20日,国民党轰炸机对宁波江厦狂轰滥炸,钱庄业损失尤重。申请并批准歇业的有天益、元益、祥康成、铭记等十余家钱庄,剩下晋祥、晋恒、慎康、通源、立信等五家钱庄,除晋祥业务正常有盈余外,其余四家则难以开展业务,月月亏损。"五反"运动后,人民银行劝说这五家钱庄组成合营的宁波钱庄,资本为5万元,已集资半数,终因股东意见分歧及消极畏难再度分散资金而作罢,1953年由人民银行批准歇业。从此宁波钱庄业成了历史陈迹。

然而一句"走遍天下,勿及宁波江厦"却道尽了钱行街的昔日风华。

旧江厦街

江厦街金融风潮

　　发达的商贸业自然也催生了宁波的金融业，二者息息相关、兴衰与共。商贸业是生产和消费转化的纽带，而宁波本地是"七山二水一分田"，耕地资源历来稀缺，民间俗谚"苏湖熟天下足，宁波熟一餐粥"，可见土地之贫瘠。因此在很长一个时期内，宁波工农不兴，连带着丝绸、茶叶、瓷器等出口商品也渐渐停产，然而甬人又吃苦耐劳、能说会道，天生善于经商，加之宁波乃通商大埠，与西方接触较早，因此在积累起足够雄厚的商业资本后，不少有远见卓识之士就转而开始进行投资，主要包括经营钱庄、典当、银行等金融业态，子母相权，生息获利，区区一条江厦钱行街，就是钱庄的大本营。

　　钱庄曾是旧中国的一种信用机构，它对扶助工商业、促进生产、调剂金融、繁荣市场、便利汇兑等起过积极作用。它们大都集中于宁波的江厦地区，实力雄厚，"五口通商"开埠之后，由于商事活动频繁，钱庄业发展更快。当时钱庄采用"过账"制度，各行各业之间的货款往来无需现金，手续方便，有利于做活生意，促使信贷发展。宁波钱庄在省内的杭州、温州、绍兴、金华,省外的上海、武汉、天津、营口等城市都有放款。20世纪30年代仅上海一地就放款二三千万两白银,其实力凌驾于沪、汉各埠的钱业界之上。

据1931年统计,当时宁波共有钱业160户,资金为380余万元。1935年统计,钱业中有大同行33家,小同行28家,现兑行91家,企业存款约有5000多万元。这些存款流动性不大,"过账"制度的普及使现金极少进出,因此各钱庄就可利用其剩余资金,从事其他事业,并向外埠贷放。

1935年,资本主义世界经济危机波及宁波江厦,挤兑钱庄事件频发,在钱行街上掀起一场金融风潮,宁波钱业从此一蹶不振。金融风潮之前,罗惠侨市长拆毁过街财神堂之举,曾闹得满城风雨。不少钱庄老板认为财神爷是他们的命根,拆除财神堂之举与后来的钱庄挤兑风潮是脱不了干系的。

实则,当年罗惠侨市长拓宽新江桥南堍至东门一段马路,是为地方做了一件好事。久负盛名的江厦就在这一段之中,钱庄、南号和糖行等商业命脉均集中在这一带。但这一带街道狭隘,交通阻梗,特别是在新江桥南堍有座过街财神堂,楼底极低。当时这里只能容两轿并行,轿夫必须低头曲足而过,再加上人力车及行人等拥挤不堪,常有因争道而吵架的,也有因不慎而肇祸的。拓宽这条马路,确属必要。

但此地尺土寸金,时有寸土必争之势,要拆让屋基作为街道,一班富商、屋主曾强烈反抗,结果罗惠侨市长费了不少唇舌,晓以利害,总算勉强说服。唯有拆毁过街财神堂之举,遭迷信思想很浓的商人们反对,他们纷纷派代表请愿。罗惠侨一再坚持,他们无可奈何,要求在附近另造一座财神殿,并先迁入原来木偶。经反复协商,终未解决问题,只好邀请几个比较开明的钱庄老板或经理疏通,总算勉强达成共识。建庙一节,延宕敷衍,不了了之。当时宁波人有"罗市长请财神"的讽语。

"罗市长请财神"并不是钱行街金融风暴的诱因,在钱行街金融风潮发生的前一年,宁波还曾发生过挤兑垦业银行钞票事件。当时,国民党政府的法币政策尚未实施,各银行向中央银行缴纳一定的保证金后,经准许,可以发行纸币。垦业银行发行的纸币可在市上流通,但忽然刮起一阵谣风,说垦业银行的钞票没有信用,造成人心惶惶,发生挤兑风潮。一些商店也因市上传说纷纭,对收受垦业银行钞票顾虑重重。垦业银行一面

提出库存银圆 30 万元，发给邮局、铁路以及全宁波各小店兑换垦业银行钞票；一面从上海运来银圆 200 箱（每箱 5000 元），全部堆放在垦业银行门口马路上。一时观者如堵，浮动的人心暂时安定。这可能是金融风暴的前奏。

  1935 年在钱行街暴发的金融风潮却没有挤兑银行那般简单，这次金融风潮的起因传说纷纭，莫衷一是。开明之士纷纷看到，其主要原因是在资本主义世界经济危机的影响下，上海等地工商业大批倒闭。宁波的钱业向以余款贷放上海等各大城市，于是就影响到宁波钱庄的信用，存户纷纷提款，逐步引发金融风潮。

  宁波本埠赵家、严家两大资本集团所设的钱庄大概是此事件的导火索。由于两家事业扩张太多，力不从心，所设钱庄常出现缺单，影响信誉，同业之间不肯拆借，由此引起不稳。钱庄内部的放账人员，也常将拉来的存款转移到别的钱庄，导致缺单日益增多，捉襟见肘，应付困难，各股东一时又不能筹集大量贷款。消息外传后，提存之风加剧。信源钱庄最先因缺单无法轧平而倒闭，继则波及所有"源"字号钱庄，如五源、衍源、永源、泰源。于是造成连锁反应，宁波所有的钱庄都受到影响。

20世纪80年代初的江厦街

据《鄞县通志》载："综计坏账，本埠以药行方面占多数，约100万元以上；而舟山、沈家门、石浦等处之渔栈放款，一时未能收回者亦占百余万元。"在地域分布上"衍源于金华、兰溪上江滥账居多，泰生以余姚帮居多；裕源以本地坏账居多，源康则以舟山、沈家门居多"。

据相关资料统计，1935年七、八两个月内，共倒闭大同行信源等12家，小同行宝源等19家，现兑庄兴源等9家。一时人心惶惶，风声鹤唳，在钱庄有存款者，究不知何家可靠，纷纷提存；倒闭钱庄的存户拿不到存款，大哭大闹。较有实力的钱庄，如敦裕、益康、瑞康、天益、元益、恒孚等都由股东垫入大量款子以稳定人心，得以幸存。

这次金融风潮，倒闭的钱庄占总数40%以上。影响所及，宁波工商业普遍出现衰退情况：药行业几乎全部搁浅，64户药行中倒闭40户；其他各业也都缩小经营范围，棉布业批发业务地区收缩到宁属各县，棉布月销从18万匹锐减至9万匹。

钱庄业受此打击后，信用扫地，幸存下来的钱庄都缩小范围，稳健经营。从此大量的民间存款开始转入银行，宁波的钱业逐渐萎缩。

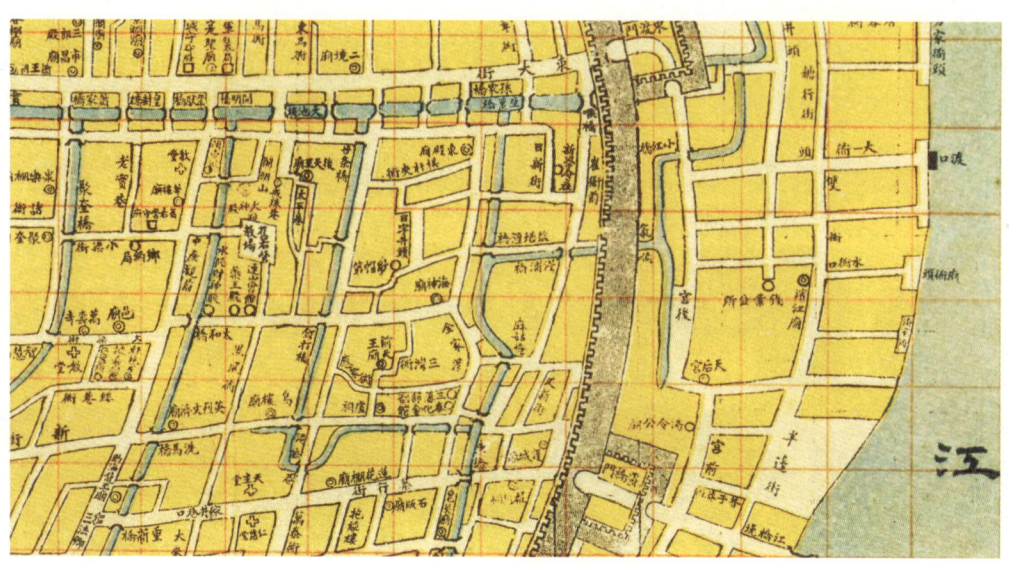

1914年《最新宁波城厢图》

昔日书坊日新街

宁波城内有条日新街,与江厦街平行,日新街的北头是中山路,南边毗邻药行街。今日之日新街,因接壤天一广场,不仅是超市、酒店等服务行业的集中处,也是金融业集聚之地,呈现欣欣向荣之势,商业气息之浓厚似乎有赶超江厦街之势。

1949年前的日新街,与江厦街完全是两种风格的街道,江厦街是钱业、典当业、银行业、鱼行业、百货业、南北号集中之地,商品化程度极高。而几步之遥的日新街身处闹市,却是一条幽静的文化街,从清末到民国时代,宁波城内较具规模的书店,大多集中在长约百米的日新街,这里成了甬城名副其实的一条文化街,犹如北京琉璃厂、上海的福州路一样。

日新街的命名,是取古书"苟日新,日日新,又日新"的含义。因毗邻江厦街,日新街地理条件优越,南北往来人众,逐渐催生了文化业,城中较具规模的书店多汇集于此,入学儒生、候考童生及求知好学者,都喜欢到日新街购书看书。甚至清代的宁波道台、知府等官宦,常着青衣戴小帽,随带侍从微服到日新街选购图书。不过百米的小街对宁波教育的促进和文化的传播起过一定作用。

旧时之日新街总与书坊密切关联,然而古代的书坊往往兼营刻书业务,拿当代的话来说,也就是书店兼有出版社的性质了。从东门口折入,首家便是汲绠斋书局。如今提到"汲绠斋",恐少有人知。昔日宁波有号称"五大书店"的汲绠斋书局、新学会社、竞新书社、文明学社、明星书局,五家书店都坐落于日新街,而汲绠斋书局是最早创设,也是最早出名的。

位于日新街口的汲绠斋书局,是旧时书店的老字号,为宁波各书店之冠。它创立于清道光初年,由鄞南鲍家、慈溪乍山严家几个文化人合资经营。书局坐东朝西,双开间楼房店面。房屋极其宽敞,伴有前后两宸,书局前厅为经营门售业务之用,后进一间为古色古香的客堂,玻窗明亮,庄重整洁,里面陈设着茶几、背椅、圆桌、条幅、对联,接待官绅、学者,用来招待选购书籍较多的顾客。更为出奇的是,为优待远道来的顾客,书局甚至免费供应吃饭、住宿。该店自己刻书、印书,并有一架石印机。经营以古籍为主,备货有《四书》《五经》及经注、经解一类读物;还有《三字经》《千字文》《幼学琼林》一类私塾启蒙教材;文艺读物有《古文观止》《唐诗三百首》等常见书;工具书有《康熙字典》《诗韵合璧》等;史部书籍有同文书局的《二十四史》等大部头著作。后期该店与上海商务印书馆、中华书局建立了特约经销关系,《四部丛刊》《四部备要》《古今图书集成》等一类书籍在该店可预约。

汲绠斋书局往南多行几步,就是新学会社。这个新学会社也是有来头的,是戊戌变法后之衍生,系清末奉化留日学生孙锵、江起鲲集资创建,后由庄崧甫接办。庄崧甫的名气就大了,蒋介石曾与他有过短暂的师生之谊。新学会社,顾名思义是主张引入西方"新学",以适应百日维新的需要,新学会社后来在济南、天津、北京、广州各处都设了分店,新学会社与辛亥革命有着一定的关系,起过一定的作用。早期经营的书籍有严复翻译的赫胥黎《天演论》,林纾翻译的《黑奴吁天录》《巴黎茶花女遗事》,以及格致(物理)、数学等方面教材,以后渐渐侧重于农艺、畜牧方面的农技书籍。辛亥革命以后,新学会社还出版过彩印的《二十世纪世界大地图》,

风靡一时，极受新青年欢迎。

文明学社之旁，有一竞新书社。主要经销课本、校簿、仪器、文具。在它斜对面有家明星书局，创设于五四运动之后，经销一部分新潮书刊，满足进步知识分子的要求，如《向导》《新青年》《中国青年》。同时也经售一些右翼刊物，如《醒狮》《爱国青年》等。经营五四以来新文艺小说，以及新编戏剧、医学图书等，在文化界中有一定影响。

这些书店各具经营特色，共同之处在于开架陈列售书，书刊任读者自由取阅，不论买与不买，店员都毫无怨言。

昔日的书店以中小学课本为营业大宗，每届开学季临近，竞争非常激烈。1938年夏，宁波六家较大书店（汲绠斋、新学、文明、竞新、明星、振新）联合起来，组成"课本联合供应处"，形成了垄断的格局，使别的书店无法与之抗衡。营业额分配比例为：汲绠斋书局20%，其余五家各16%。

1897年，商务印书馆在上海开业，日新街上的各大书局曾输送经验丰富的职工前去支援，以汲绠斋书局最多，因此汲绠斋书局与商务印书馆一直保持着特殊关系，为商务印书馆在宁波的总经销处。鄞县、慈溪、镇海、余姚、奉化、象山、宁海、定海等县书店供应的教科书，均向日新街上的书局批购。

到了清末民初，铅印和石印逐渐风行，木刻淘汰，雕版印刷退居次要地位，日新街上的书局停止出版业务，只经销商务、中华、开明、世界等书局出版的图书，但还保持着经售古籍的优势。1956年，日新街的书店实行公私合营，从业人员从此走向了新岗位。

与日新街相近的还有一条"又新街"，街上有两家书店。一家是以经营古籍为主的大酉山房。店主林集虚（字乔良）精于古籍版本，是一个书贾兼藏书家。他的藏书室叫"藜照庐"。另一家名为"三宝经房"，经售佛经、各类宝卷，兼营僧衣法器。

【三】

商铺林立闻遐迩

中国通商银行宁波分行

三江口旧时银行

旧时的江厦是一条不过400余米的小街,却令世人发出"走遍天下,勿及宁波江厦"的感喟。这句老话并非是宁波人的自我推崇,当年江厦街一带钱庄云集达百家,成为近代东南沿海的重要金融中心,除却钱庄、银号、票号,三江口、江厦街更是近代银行业及证券、信托业的发展重地,在近代中国金融发展史上,江厦街书写了浓墨重彩的一笔,故而才会有称雄"天下"的气魄,这条宁波城内最繁华、最热闹、最富庶的小街俨然是这座城市的骄傲,金融业名闻遐迩。

1934年,浙江兴业银行一份调查报告中写道:"全国商业资本以上海居首位,上海商业资本以银行居首位,银行资本以宁波人居首位。"道出了宁波与旧时银行界的密切关系。沿着三江口新江桥的桥脚往南走,一边是波光粼粼的奉化江,另一边则是青砖黑瓦马头墙的商业店铺,几乎每隔几步,抬头就能见到一家钱庄或银行,大大小小多达60家,后来就连沪上金融巨子、宁波人秦润卿主事的中国垦业银行也在这里开设了分行。因此,江厦街也就顺理成章地成为旧时金融业的大本营,被世人赞誉为东方的"华尔街"。

在此之前，原有的钱庄业已经为三江口银行业夯实了基础。明清时，"北有票号，南有钱庄"，作为规模与实力不相上下的金融机构，归途却是迥异。山西票号主要靠清政府扶持，到清朝灭亡后迅速没落，而宁波钱庄则显示出强劲生命力。鸦片战争以后，中国被迫开放，宁波商帮以其敏锐的洞察力和雄厚的经济实力，主动以"领头羊"之雄姿率先由钱庄业向银行、信托投资、保险、证券等近代金融业转化。在近代银行业中，宁波商帮长期控制着中国第一家华资银行——中国通商银行，另创办有四明商业储蓄银行、中国垦业银行等近代著名银行。由此窥见，这是宁波商帮能在晋商和徽商之后迅速崛起，并经久不衰的根源。

作为"五口通商"商埠之一，宁波开埠之后，英法帝国的汇丰、花旗、麦加里等银行先后设立了驻甬办事处，经营汇兑、储蓄、保险、押款、信托等业务，并行使外钞金券。民国以后，停止外币在国内的流通，宁波旅沪财团乘此良机先后举办商业银行，光是在上海就有50余家。上海金融业的繁荣与宁波旅沪银行财团的发展密切相关，三江口、江厦街作为宁波帮的后方大本营，必然遍布银行，实现了钱庄到银行业的过渡。旧时，分布在三江口一带的各银行情况如下：

中央银行

中央银行属国家金融机构，是银行中的银行。其所发钞票，是国民党政府纸币，无兑付金属货币的义务，具有强制流通力。总行在上海，宁波分行地址在江北岸。宁波解放后，中央银行宁波分行逃迁舟山，后至台湾。

交通银行

交通银行，至今犹存。它创立于1907年，总行设于北京，1928年经南京政府改组后，宁波人胡孟嘉出任总经理。当时宁波支行的地址设在东门口，有职工30余人。交通银行是旧时始终拥有钞票发行权的银行，后来还成为有特权的国家银行，甬城民众称宁波支行为"官办银行"。

中国银行

中国银行，至今犹存。它成立于1912年，总行设在上海，它接管大清

在上海的四明银行总部

银行业务,成为国家银行。宁波分行地址先设于江北岸下白沙,后让与中央银行,迁至外马路扬善路口"衡通饭店"隔壁。该行在东渡门设有办事处。宁波分行行长为陈南琴,经理朱燕荪。亦为"官办银行"之一。

中国通商银行

这是最先来宁波设分行的私营银行,总行在上海(1896年创设),在1930年时,宁波分行的储蓄存款从原4万元增至10万元。其汇划业务以英美烟草公司居首位。存款以天主堂为最多。1935年时,国民党政府改革币制,收回了该行的纸币发行权,渗入官股40%,控制了经营业务。

四明银行

四明银行于1908年创立,总行在上海。该行董事会成员和股东都是宁波旅沪同乡财团中各行业头面人物,如朱葆三、叶澄衷、虞洽卿等。该行发行钞票信用很高。其宁波分行地址先设于城中鼓楼前税关对面,后在江北岸外滩。1940年时加入官股,成为公私合营银行。

中国垦业银行

总行在上海,总经理梁文臣、董事长俞佐庭,皆是宁波人。宁波分行经理为俞佐宸(俞佐庭胞弟)。在1934年时,该行因工厂、商行破产影响,

四明银行广告

曾发生挤兑风潮，最终由上海甬籍财团设法向中国银行押贷款项救急，当拨现洋10万元装箱运甬，压住挤兑风潮。曾为扩展钞票发行量，重树信誉，向甬城各典当、鱼行、药行、南北百货行收兑其他银行钞票和本行旧钞及银洋、毫角等，扩大钞票流通量。

中国实业银行

总行设在天津，该行宁波分行地址在新江桥南塊，其所发行的钞券在宁波曾遭拒用。

浙东银行

浙东银行成立于1930年前后，地址设在新江桥南塊，与中国实业银行紧挨。浙东银行属商业性银行，无钞票发行权，经营业务主要依靠外来汇款和官方军政人员的大量存款。贷款对象多数为宁波地区各种公用事业单位。

渔业银行

渔业银行行址在钱行街。主要业务对象为鱼行及渔民。

中国劝业银行

总行设在北京。宁波分行地址在钱行街。开业不久即停办。

民信商业储蓄银行

总行设在上海,成立于 1930 年。宁波分行地址在钱行街,于 1937 年前后闭歇。

明华商业储蓄银行

总行在上海,成立于 1920 年。宁波分行设于钱行街,开业不久即停办。

中汇银行

总行设上海,董事长杜月笙。成立于 1924 年。宁波分行设在钱行街。

惇叙商业储蓄银行

总行在上海,宁波分行设在新江桥南堍糖行街天益钱庄隔壁。该行创设于 1933 年,无钞券发行。

宁波实业银行

总行设在上海,成立于 1932 年。宁波分行行址在东渡门外小江桥,无钞券发行。宁波分行开业不到一年即闭歇。

纵观三江口一带的银行,其主要投资者大多不是官僚,而是实业家、商人与钱庄老板等,银行开办资本中少有或完全没有政府投入的官股。这些资本大多来自商业或钱庄业的积累,尤其注重对工商企业的放款,支持和推动了民族资本主义的发展。某些银行有进步和公益的倾向,譬如四明银行都曾以一定数额的资金襄助过革命事业。

尤其是辛亥革命以后,宁波商帮主动地完成了传统商业资本向现代产业资本的转化,将旧式钱庄制度向现代银行制度转化。汇集在三江口一带的银行,在很大程度上促进了中国金融业的近代化,奠定了近代乃至现代中国金融体系的基础。

类似宝顺轮的机动船

商办轮船风气先

"连樯接舻,贡琛献赞,源源相因,观光上国,重以商贾懋迁,□物珍伟,森列环萃,纷至沓来",大段铺陈的文字被镌刻在出土的宋代石碑——《新建市舶司记》上,真实描绘了当年江厦一带百舸争流、千帆竞发的壮观场景,揭示宁波的商旅贸易一度高度发达。

清朝中后期,地处海滨的宁波居南北洋之中,往返商船常以宁波为停泊站,商船南北号汇集壮大于三江口一带,南北所有各号以及帆船内均有神龛供奉天后娘娘,南北号为祝祷事业的风调雨顺,不惜花费大量钱财,参与迷信陋俗。但唯有一件事开了社会风气之先,那就是引进了中国第一艘机动船——宝顺轮,此举开了我国商办轮船之先河,宣告了帆船商运时代的终结,宁波人无意中开启了中国航运的崭新时代。

清咸丰年间,太平天国运动的战火此起彼伏,一度蔓延东南各地,清廷只着力于镇压农民起义,渐渐无力对沿海进行日常巡哨,最终导致海

董沛《宝顺轮始末》碑记

上盗匪横行四起。海盗充斥洋面,肆掠无忌惮,每每阻截商船,勒赎至千百金不止,大帆遭掠劫,生命财产频受损失。几年后,海上劫掠愈演愈烈,加之黄河溃决,清廷户部袭用元朝做法,将从内河漕运的官粮转入海运,尤以宁波为大宗,这一任务主要由庆安会馆的北号商团承担。一到春夏之交,联帆运粮北上,虽有兵船护送,但并不能震慑海盗,海盗每劫一舟索费尤甚,甚至公然进城入室,讨价还价,坐索巨资,使众多北号商船忍无可忍。

宁波北号商团迫于海盗猖獗,在木帆船护航无效的形势下,商议集资购买西方先进的轮船,配置大炮、火弹药,以军舰护航之威力震慑各方海盗。这个决定得到时任宁绍台道段光清的支持,商定官商各负担一半经费,船商从年货运总收入中抽成,官府从捐税中列支,以充水兵薪给和购买号衣、粮食、枪支弹药之用。

清咸丰四年(1854),宁波北号商帮委托英商怡和洋行买办杨坊、慈溪人张斯藏、镇海人俞斌联系经办,从广东外商那里购得火轮一艘,定价白银7万两,命名为"宝顺轮"。任慈溪人张斯桂为督船勇,镇海人贝锦泉为司炮舵,呈报督抚,咨会海疆文武官员,登记入册。宁波人为此自豪地勒石纪念,立于北号会馆天后祠中,上书董沛撰写之《宝顺轮始末》一文,曰:"中国之用轮舟,自宁波宝顺船始也。"

清咸丰五年(1855)春季,宝顺轮驶进宁波港,正式开始护航。宝顺轮经过枪炮的装备和船勇的训练后出海巡洋,对海盗连连出击,旗开得胜,战绩辉煌。据记载,宝顺轮与抢掠浙闽后窜回北洋的广东海盗船30余艘激战于复州洋,击沉击毁盗船15艘,使北洋航路畅通;曾在石岛洋击沉盗艇一艘,救出江浙回空商船300余艘。宝顺轮装备运行后,大展神威,保护海运之安宁,对聚集北海南洋的海盗进行彻底清扫,共击沉盗船68艘,击毙盗者2000余人,平定了北洋与南界。这一举措使庆安会馆北号商团名震四海,扬名于国内外,使盗船闻声畏之,基本肃清了南北洋匪患,这于《清实录·文宗实录》中都有记载,为中国民间自办外国轮船之先例,开商办轮船风气之先。

董沛撰写《宝顺轮始末》一文,似乎还有几个小插曲。有一次,宝顺轮驶至天津大沽口,轮烟蔽天,驻津通商大臣怡良见状受惊,料想英国人又来侵犯,继而发觉轮船雇员中没有一个洋人,悬心收稳后怒不可遏,行文江苏巡抚薛焕严加追责,经多方再三解释,方免查办。另有山东巡抚崇恩听说宁波购买外国人轮船,向咸丰皇帝上奏章,咸丰帝下诏书要两江总督何桂清追查发护照的人并治罪。不久（1857年），英法联军侵占天津，清廷再次屈辱求和，出让沿海及长江商埠，以后外国轮船在内海畅行无阻，清廷官员见多了，也就见怪不怪了，而且懂得了轮船的好处，也造起轮船来。宝顺轮继续护航，地方如有事端也听官方调派，而宁波北号会馆的声誉大振，引起了清廷以李鸿章为首的洋务派官僚的关注。

1884年中法战争爆发，出海30年的宝顺轮，船身已经老朽，尽管如此，宝顺轮被调遣参加镇海之役，只能载满石头停泊在镇海口门，充作封港沉船之用。地方上不忘其功德，董沛将其始末撰写刻碑，立于北号会馆天后祠中，表示一种纪念。

宝顺轮是宁波港在近代化的道路上迈出的具有重要历史意义的一步，意味着宁波港作为古代单纯木帆船港时代的结束，开始了轮船港的新时代。宁波人开用轮船风气之先，开启了木帆船向轮船的转型，具有划时代的意义，也奏响了中国近代采用西方先进技术和创办洋务的先声。

"大有"南货店

"大有"兴替"大同"衰

在老宁波人脑海里，江厦附近最有人气的南货店，非"大同"和"大有"莫属！

"宁波南货六大家，大同大有董生阳，方怡和加升阳泰，还有江东怡泰祥。"这句顺口溜，市井中曾广为流传。六家老字号以销售南北果品、茶食以及各种宁式糕点为主，所售商品广受顾客的青睐，"大同"和"大有"是其中的两个传奇，两个南货店虽已成为历史，但在许多老宁波人脑海里，依旧存有美好的记忆，有着说不完的故事。

"大同"和"大有"南货店均属甬上南货业六大门庄，在老城厢内盛名同享。六家南货店中，历史之悠久首推"大同"，"大同"招牌的硬扎不仅在南货业中执牛耳，一度还兼及甬城的金融市场，譬如甬上方钱牌价时常听盘于"大同"的牌价。南号福建商帮的特等品，如莆田桂圆干、广东蔗糖都愿意囤于"大同"，北号货船的核桃、红枣、山东花生米、东北黑木耳也喜欢在"大同"销售。老城郭内的大户人家，桃酥、洋钱饼等待客茶食，必差人去"大同"采买，四乡农民进城，但凡买了"大同"招牌的南货，也不枉进城一趟,乡邻都羡慕不已。

"大同"长期在同业中以老大自居,年久月深后,"行大欺客"的骄傲自满情绪油然而生。"七七"事变前,"大同"招牌硬而货不硬,已显露衰落之势,有小顾客上门,不再相迎、抬身,对大买主招待不善,言语生硬。日久,顾客对"大同"渐生不满,乃至不想上门,"大同"业务逐渐清冷,招致的后果就是货物积压、陈旧而变质,不得不贪图低廉人工,招聘"咸淡司"(技术低、工资低的师傅),"大同"由硬扎而变得暗淡无光,由兴盛而趋向衰落,濒于倒闭境地。如此又继续支撑了一段时间,终于因作风不变,而无法挽回业务,最后竟至无人问津。延至1936年,"大同"老板吴氏兄弟因无利可图,发生争执,更促进其分崩离析,终至店铺难以支撑,400余年悠久历史的"大同"宣告闭歇,无奈出盘。

觊觎"大同"已久的"大有",算是后起之秀,这个"大有"不是卖水晶油包的"赵大有",两码事。"大有"南货号创立于清咸丰三年(1853),由朱氏谨、慎两房创立,后传至松、竹、梅、高四房。朱氏创立"大有"颇有深谋远虑,非但店基选在"大同"对邻,甚至连招牌都套取一个"大"字,同样的蓝底金字,甚至石库门面建造得跟"大同"一模一样,用鱼目混珠之法来谋求利益。

"大有"原居于六大门庄之末位,牌子新、力量弱,有鱼目混珠、投机取巧之嫌,但"敬客如敬神",生意能做大,优待顾客是其一。好比日新街上的汲绠斋书局,举凡大小顾客登门,店员必打招呼,送茶递烟。碰到远道而来的大客户,"大有"还留宿吃饭,顾客夜路折回,搭送一盏"大有"灯笼、一套"大有"雨具。朱氏自察"大有"比不上"大同",便在经营作风上狠下功夫,营业总是小心翼翼。

"大同"愈加倚老卖老,"大有"却谦卑待客,朱氏重内部管理,统率上下齐心协力,深得店伙人心,自此营业蒸蒸日上。甬城百姓于冬令时节,总喜欢买些芝麻、核桃进补。坊间传言,"大有"卖的核桃可当面敲开,坏的直接调换,一包莆田桂圆每斤包好后,还要赠客6颗,避免空壳,诸如此类。朱氏潜心研究自制产品,秘法配制"大有"酱油瓜子、"大有"香糕、"大

宁波"董生阳"

有"鸡蛋糕等,这些传统口味的宁式糕点,皆因用料考究、制作精细,深得人心。非但如此,"大有"的货品包装也别出心裁,例如香糕、云片糕等茶点,其包装纸张要求坚韧,追求印刷美观,印有福禄寿禧等吉祥图案,顾客觉得买"大有"的货物会"争面子"。"大有"极力迎合顾客的心理和消费习惯,后来同业竟均起而仿效,名气也越来越大。

　　1936年,"大同"决计出盘。"大有"对"大同"觊觎已久,时机成熟后,设法托人出面顶盘"大同"。如此这般,400余年悠久历史的"大同",便被后来居上的"大有"挤垮吞并。令人想不到的是,朱氏的精明巧妙之处在于仍沿用"大同"原来招牌,"暗戳戳"推销"大有"产品。如此这般,"大有"拓展业务,暗扎了一个海底篱笆,加固了子孙基业。

　　"董生阳"南货店在六大门庄中,地位曾烜赫一时,民建先贤俞佐宸是大股东,资力雄厚,声誉久孚众望。"大有"并吞"大同"之后,在"董生阳"附近分设了一家"大有"分号,"董生阳"的业务渐渐清淡起来,最后无利可图就此闭歇。如此南货业六大门庄又少了一家,"大有"又少去一个竞争对手。抗战胜利后市场有所回暖,但1948年国民党政府经济面临崩溃,物价一日数跳,宁波南货业六大门庄中唯"大有"硕果仅存。

老字号状元楼和中百钟表眼镜照相缝纫专业商店

状元楼饮誉三江

宁波百姓，自古有经商特才，尤其在开埠通商之后，足迹遍天下。俗语说："遍地徽州，宁波人跑上前头。"外埠莫不欢迎"宁波帮"，以其恪守信用、未敢轻于然诺，一经言出，一诺千金，决不反悔。故宁波商人能以少数资本，渐渐在大江南北打响名号。

善于经营的宁波商人获利既厚，顾家必丰，风俗奢华，饮食尤为考究，一饮一啄间，氤氲市井烟火。所谓三眼大灶、两眼风炉，燥饭三餐、点心两餐，酒馆饭店林立，口腹之欲，能超苏杭。旧时，仅三江口一带，上规模的酒楼饭馆就有40多家，在江厦码头的周围，"东福园""状元楼""梅龙镇"等酒楼星罗棋布，人来人往，上演着昔日喧哗与纸醉金迷。

在三江口一带的酒楼中，"状元楼"无疑是一块最红的牌子，宁波商人宴请宾客、办酒席时，状元楼每唱头筹，为必选之地。状元楼酒家创于何时已无从稽考，但一道"冰糖甲鱼"，甬城百姓无人不知，就连状元楼的店名与这道名菜也深有渊源。

坊间传言，这个酒楼创办于乾隆年间，迄今有200多年的历史。起先

20 世纪 50 年代的状元楼

酒楼并非以状元楼为招牌,传说,乾隆年间的两位赴考举人来此光顾,点了一道"冰糖甲鱼",觉得味道上乘,意犹未尽,就问跑堂是何菜名。旧时酒楼的跑堂善于对答,会随机应变。看到这两位吃客文质彬彬,举止与书生无异,料想必定是赴京赶考之人,就脱口而出道:"此菜乃独占鳌头也!"两个举人因讨得了一个好彩头,满心欢喜,谁知后来其中一个果然中了状元,还乡时又吃一回"冰糖甲鱼"后,欣然提笔题了"状元楼"三字。店家将其制成金字匾额挂于门楣,从此酒楼改称"状元楼",它的历史一直绵延下来。

"七七"事变之前,状元楼开设于日新街 16 号,店堂为五开间门面,另立三楼一堂。楼上三面环窗,夏天极其凉爽,顾客多是甬上金融、工商、军政各界人士,以及南北号会馆等人物,生意铺得较大,小市民等一般不敢入内就餐。当时酒楼已安装电话,食客可致电订餐,已有外送服务,红白喜事包办酒食。全堂 40 余桌,可供 400 多人同时就餐,堪称甬城餐饮界之翘楚,营业时间一般从上午 9 时起,直到夜半 12 点方收场。

这个状元楼地处三江繁华之地,经管者、厨师、跑堂多来自鄞南农村,由本帮人烹制甬帮传统菜肴,故而有别于"东福园"等徽帮菜馆。1936 年

老字号东福园饭店

前后，李纪良先生是状元楼的负责人，他也是鄞南李家横人，因时常沉湎于牌局，不大留心店务，以致状元楼几乎被东福园和梅龙镇等后起之秀赶超。后来酒楼请孙通尧先生担任经理兼买办，他烟酒不进，精通业务，起早摸黑，推陈出新，一心扑在店务上。经过他的一番整治，状元楼又高朋满座，重新振兴。

状元楼与其他知名老字号不同，运营方式较为特殊，到20世纪二三十年代，它不再是某一大老板或某一家族的世传店，变成了伙计合股制，类似今日之合伙企业。当时状元楼的资金为银圆250元一股，合计20多股，入股多为本店职员，也有两人合一股。全店有职工30多名，大多来自鄞南农村，有趣的是，大家既是店伙，又是老板，所以上下拧成一根绳，齐心协力经营酒楼。

状元楼里有位传奇式的人物——应阿品。应师傅是鄞县石碶（现属海曙区）人，早年曾在日本大阪"大来轩"掌勺，回国之后就进了状元楼。客人每点"冰糖甲鱼"一菜，必由他亲自烹制，他把这道甬帮名菜烧得深入人胃，为酒楼积累了大批回头客。

"冰糖甲鱼"是传统的甬帮"火工菜"，长期以来是状元楼的镇店之宝，

开明街口老字号梅龙镇大酒店

能在海鲜云集、咸鲜至上的宁波系里杀出一条血路。老吃客心揣一本明细账,吃这道菜必选状元楼,别处皆不正宗,孰优孰劣,煞煞清爽。这道菜,所选甲鱼必定活杀,顾客若要品尝这道名菜,除了带足铜钿,须耐心等上一个钟头,但为了等应阿品之作,满足口腹之欲,顾客都毫无怨言。

烧这道"火工菜",费时,费火,更费力,力求达到一个"糯"字。甲鱼最好选择八两以上、一斤半以下的,又有八开、六开、四开之分,实则是一斤重的六开最为理想。这道菜考验掌勺师傅的火候功夫,当年应阿品烧出的这道菜形状完整,并无甲鱼腥味,色重黄亮,吃来香糯软滑、平和适中。吃客举箸不停,频频颔首嘉许。

　　状元楼除镇店之宝的"冰糖甲鱼"外,还在甬上几代名厨继承、发扬传统的基础上大胆革新,逐步完善了以冰糖甲鱼、咸齑大汤黄鱼、腐皮包黄鱼、苔菜小方烤、火踵全鸡、荷叶粉蒸肉、锅烧河鳗、网油包鹅肝、黄鱼鱼肚羹、宁式鳝丝糊辣为代表的传统宁波十大名菜。状元楼的厨师们往往就地取材,不用过多的调料和辅料,讲究原汁原味,注重以咸提鲜,形成鲜咸合一的特色风味。烹制以蒸、烤、烧、炖、腌等技法为主,菜肴大多咸里透鲜、原汁原味。状元楼推进甬菜崛起功不可没,甬菜逐渐在全国独树一帜,形成独特的地域饮食文化。

　　1949年前,状元楼的经营有两段黄金时期。一是1931年至宁波沦陷前的十多年间,生意最好的时节是每年清明及冬至后到过年这一段,许多在外的宁波人或是回乡扫墓,或是族中进谱,回到家乡宁波,都喜欢踏进状元楼来一尝家乡菜肴。那第二段黄金时期是抗战胜利后,状元楼于1946年由日新街迁到新江桥南堍——江厦街4号,老店新开,生意火爆,蒋经国曾偕妻子蒋方良两次来状元楼就餐,状元楼名声在外,百年老店增添几许家国情怀。

　　但在1949年9月,国民党在宁波开始大轰炸,灵桥附近及江厦街一带受害最为惨烈,百年老字号不能幸免,房屋坍塌。中华人民共和国成立后,原来的10个职工合资在江北岸新江桥头开设"甬江状元楼",一时生意清冷,1954年后实行公私合营,一度以卖包子、馄饨等点心苦撑门面,直到20世纪80年代改革开放后,于1985年由宁波市政府和甬港联谊会王宽诚、邹星培、翁伟年等先生倡导,重新选址和义路与中山路的交叉口开业。自此状元楼又步入了一个崭新阶段,许多旅居海外多年的游子回到故乡,总要一登这家酒楼,品尝久违的家乡味道。

冯存仁堂药店

药行街

道地药材冯存仁

19世纪中叶前，国内轮船、铁路交通格局未曾形成，上海港尚未崛起，南北商船纷纷停靠于距上海一步之遥的宁波，当时的宁波商业繁荣，一度是各类大宗商品的集散地，各地药帮也到宁波交易。南北药材在江厦码头卸货后，就运转灵桥西堍"三法卿"（后称药行街）的药行中，尤其在"五口通商"之后，宁波云集全国各地药材商帮，成为全国最大的药材交易市场，药材经营也成为宁波的主要行业形态之一。

事实上，在此之前，18世纪中期到19世纪初期，各地药帮已经到宁波交易，其原因有二：一个是与太平天国内战有关。太平天国定鼎南京后，与清廷在武汉至南京一带长江两岸的战争最为激烈，严重阻断了药材南北东西交流的通路，造成川西的药材不能走长江正路，被迫改走湖南常德，泛洞庭，出湘潭，入江西，沿衢江顺流而下，最后直达宁波，再由宁波通过海路运至南北各地。而宁波又是浙贝、元胡、白术、麦冬等中药的集散地，于是川西、两广、江津、江浙等药材荟萃于宁波。二是宁波江厦街一带的钱庄闻名遐迩，游资多，金融力量雄厚，为资金调头创造了便利的条件，

江厦街的老字号冯存仁堂

在货款汇兑上具有优势，逐渐成为全国最大的药材交易市场之一。

宁波药材商人以慈溪帮居多，传说太平天国时期慈溪人冯阿荣开设的"冯万丰"药号资助清军镇压太平军有功，受嘉奖，取得免税贩运药材之特权，成为当时最大的药材商。北京的"同仁堂"，天津的"童涵春""蔡同德"，长年在宁波坐庄办货，选购上乘药材，不少药行还与韩国、日本有业务往来。

原址在灵桥门西塊的冯存仁中药店，在此之前已久负盛名，史料载，药店于清康熙元年（1662）始创于又新街，嗣于同治元年（1862）设沪店于上海汉口路，历年久远，誉驰遐迩。老店采办各省道地药材，精制门市饮片,虔修丸散膏丹,选料必择纯真,修制务求谨诚。因此,虽未处药行街之闹市,经营得却很红火,当时不仅在宁波被誉为药店四大家之一,上海分店也曾是沪上四大药房之一,其信誉不光限于甬沪两地,甚至博得港台同胞、南洋侨胞的信赖。

冯存仁堂可能是宁波市最古老的药店,据说是慈城冯氏宗族之遗店,创业始祖为冯映斋。他一生以采办药材度日,曾远涉西蜀、陕甘、苏皖一带,深谙药材的采办,经过一段时间的苦心经营,略有积蓄后于清康熙初年开设"冯存仁",意在"存济之心,赠仁于众"。自此奠定了药店延续350多年的基础。

药店到了第四代冯蔓生经管时,采销更为顺手,到咸丰末年(1861)正式核定股金为4万银两,资产累积雄厚,规模拓展。1862年投资6万银两在上海汉口路开设分店,以销售陈年驴皮胶见长,秉承资金大、存货足、质量上乘的优势,逐渐在沪上众多药店中脱颖而出,获得沪甬各界人士嘉许。

冯存仁堂创店以来,进货药物必求道地,配制成药选料上乘,修合炮制严遵规范,百年如一日,一丝不苟,所以声望不衰,信乎于人。鉴别药材道地,谈何容易?旧时并无科学手段和新式器械,只能沿用先辈经验,但冯存仁在委任"采办大先生"时,总是慎之又慎,药物以次充好的现象客观存在,这就要求采办先生经验丰富、学识渊博,通过眼、鼻、口、手的经验,必经看过、嗅过、尝过、摸过来辨别药材的真伪,区别等级。除此之外,库房还需严格把关,发现质量不佳时,不予收货进账,两道关口相互制约和监督,从而保证了该店药材质量。

冯存仁堂进货药物必求道地,实际上是重视药材的产地。一种药材,往往多省皆产,冯存仁堂就是选择路脚纯真之地,择优选取。譬如东北红参,大量产自吉林、辽宁二省,因加工不同,规格有边条与一般之分,边条红参俗称石柱参,产地为延边、通化、宽甸等地,外纹带有横皮,干体结实,以生长年久、大枝者为佳品,畅销全国各地,远销香港地区,乃至南洋一带,而冯存仁堂采办的就是这种边条红参,而不进色嫩体软、水分较多的一般红参。

冯存仁堂不仅注重采买环节，还在保管贮藏环节下功夫。即便是道地中药材，倘若在贮藏时遭虫蛀、霉变、受潮、发油变质等，药效难免降低。冯存仁堂对药材的贮藏，早有一套行之有效的传统经验。譬如江南多梅雨，在梅季前夕，必定在药物上覆盖双层油纸，用石灰密封。对于糖类油性药材，如红参、枸杞、麦冬、白术等，在日常营业时就放入锡盂、瓷缸、铅皮箱中保存。对有些贵重药品，冯存仁堂还派人去江东冰场购冰，以冷藏方式确保药材的品质。

冯存仁堂有本《丸散全集》，这部概要是对成品精工炮制的提炼与总结。道地药材进库后，其炮制方式均含固有的流程，对制、炙、煨、炮、炒、焙、煅、漂、飞等加工方法，从不马虎，故得甬城民众推崇。譬如将生药材切成瓜子片、柳叶片、顶头片、菊纹片，他们都不嫌精工费力，力求片形悦目、质洁不屑。在旧社会同业竞争中，不乏重外观轻实质、逞技炫能的药局，冯存仁堂的难能可贵之处在于对各种道地药材的炮制精益求精。

一家300多年的老店能延续至今，并非一帆风顺，它历经改朝换代，经过不同社会制度的严峻考验。1949年后，人民医药卫生事业得到党和政府的重视，国药业得到扶植，冯存仁堂曾于中山路186号设分店。1956年，为支援宁波冷藏公司扩建，冯存仁堂将中山路店店基转让给该公司，将原来的两店合并迁至东渡路255号营业。那一年实行公私合营，经资产清查，冯存仁堂核定资金为16万元，乃是宁波商业中资本最雄厚的一家。

如今在熙熙攘攘、车水马龙的江厦街上，处于高楼丛林中的"冯存仁堂"，其金字招牌依旧闪亮，上了年纪的人还依稀记得其阿胶、药酒和狗皮膏之名产，冯存仁药店以自己的经营宗旨诠释着博大精深的中医药文化，也作为一个老字号被宁波人铭记于心。

江厦街新貌

华联商厦气象新

　　1988年春节前夕,江厦街上响起一串鞭炮声,一座现代化的大型商场拔地而起,当时宁波市最大的零售商场——华联商厦诞生了。如潮的人群从四面八方涌入,不少人为坐电梯而自觉排队,不约而同地为商厦现代化设施和富丽堂皇的"派头"所惊讶,也为门类齐全的商品所折服,唏嘘赞叹之声不绝于耳,沉寂多年的江厦街人头攒动,仿佛又恢复了往日的热闹。

　　20世纪80年代初,改革开放的春风吹至三江口一带,全长不过700米的江厦街再次萌发勃勃生机。当年,位于江厦街的华联商厦,曾是宁波市乃至全省商业第一高楼,正是这座高楼将1949年人轰炸留给江厦街的萧条与苍凉一扫而光,高耸于三江口,与灵桥交相辉映,成为现代化港城的坐标,宁波的市容市貌也为之一新。

　　华联商厦的筹建曾与宁波对外开放的全面展开密切相关。1984年春天,宁波被列为14个进一步对外开放的沿海城市之一,国务院明确指出,要把宁波市建设成为华东地区重要的工业城市和对外贸易口岸,明确

奔野大厦已落成，华联正施工

了城市发展的定位后，宁波从此迈开了进一步对外开放的步伐，成为我国改革开放的"前哨"。

改革开放初期，当时的这座"前哨"城市似乎还名不副实，尤其在商业系统，还留有依据中央、地方指令性指标来进行调拨、批发的业务。1985年，全国流通体制改革刚刚起步，宁波华联商厦的前身——宁波市五交化采购供应站及时嗅到了商机，他们坚信百业经商势头和百家竞争的局面迟早要形成，必须及时捕捉商机适应变革，适时转换计划经济模式下的单一经营模式，大胆开拓零售领域的经营。

宁波市五交化采购供应站，俗称的"二级站"，决策层们借助于原"中商部"统一命名的、全国沿海开放城市和经济特区组建的华联商厦集团，勇立潮头，积极加盟，率先闯出了一条批发企业兴办大型零售商场和跨行业经营的新路子。

立项建造华联商厦、兴办甬城第一商场的申请，很快得到了宁波市相关各部门的批复，公司决策层们对选址问题也曾反复斟酌，最终将位置定在了江厦街的中段，那里曾是元代海运码头的遗址，那一带自古繁华。但在中华人民共和国成立前夕，蓄积百年的繁荣躲不过国民党飞机的狂轰滥炸而灰飞烟灭，在改革开放的浪潮中，华联人决心抚平江厦街的伤痕，让它恢复生机，再次繁荣。

不得不说，当时做出这一决策的风险是明摆着的：改革开放初期，百事待举，各方资金需求大，银根紧张，华联商厦建筑面积近4万平方米，概算投资需6000余万元，相当于"二级站"全部家当的10多倍。刚刚接触商品经济的宁波人举"债"建华联，仅投资额一项年支付利息就高达300万元，经济压力犹如一座无形大山，流言蜚语着实可畏，一旦拉开序幕之后，各方阻力纷纷涌现……但决策层颇有远见和气魄，他们相信风险与机遇如影相随，如果抓住这次机会，不仅可使企业摆脱困境，还可壮大规模。

1988年春节前夕开业后，试营业当年，华联商厦就实现销售额4564万元，创利124万元，在宁波商界率先闯出了一条由批发企业兴办大型零售商场和跨行业经营的新路子，同时也加快了甬城零售业的发展速度，提升了我市商贸业整体水平。

20世纪80年代末，居民的腰包鼓了，储蓄增多后，一场来势强劲的市场"疲软风"却在东南沿海地区刮起，这也波及了浙东宁波，以往抢手的商品静悄悄地躺在仓库里，商品在货架上也显得无精打采……

然而，华联商厦虽处风口浪尖却生逆势而行的决心，对经营策略进行了大胆的调整。最大的举动是，华联投资百万元对商厦9000平方米的营业大厅进行升级改造，率先采用国际上流行的售货方式——推倒封闭柜台，将80%的商品进行开架销售。拆除了横在售货员和顾客之间的那堵"墙"后，顾客可任意挑选商品，这一新式举措一下子吸引了甬城市民的眼球，华联像一块磁铁吸引着顾客，平均日客流量高达6万人次。与其他商场相比，华联一枝独秀，1990年全年销售额突破1亿大关，创造了华东地区的商业销售奇迹。

江厦街上的华联，在改革上先人一步的创新精神以及取得的实绩，在国内引起不少反响。为此，《中国商报》把宁波华联视作商业销售改革的典型作了详尽报道，市内外零售行业也纷纷仿效，实行"开架销售"，产生

华灯初上的华联商厦新楼

了轰动一时的"华联效应",当时的国务院副总理吴学谦在实地考察后,也肯定了宁波华联的做法和智慧。

十年之后,不断进取的华联人决定建设东楼,通过建过街裙楼将东西贯通,打造全新的华联大厦,又大胆地走购物、餐饮、娱乐于一体的购物中心模式。1997年12月28日,中山路与江厦街的交汇处耸立起一座现代化商厦。宁波华联集团盛大开业,一块新的里程碑重新树起,宁波华联的经营思路得到了实践的验证,历经十年风雨后的华联在江厦街上开创了商业繁荣的新篇,延续了历史悠久的江厦商缘。

江厦街的宁波市第一食品商店

童年回忆在"一副"

20世纪80年代的江厦街说不上繁华,但也整天车水马龙,人来人往的。在江厦街的斜对面转角处有一座两层的小平楼,一天到晚人头簇簇,顾客盈门……很多宁波人不会忘记这个老宁波称为"一副"的食品店——宁波市第一食品商店,它承载了宁波人关于零食的集体回忆。

"一副"店名,乍一听就带有计划经济的味道。因为开在新江桥南堍,为中山路口的第一家,所以生意一直很好,曾为宁波最大的副食品商店,一度成为浙江省最大的食品商店,是甬城百姓购买烟酒、糖果、糕点、零食的首选之地。当年它处在宁波最繁华地带,面朝"人民电影院",斜对面就是江厦街,如今这里已经变成了宁波影都门口的一片绿地。

1949年,原先聚集在江厦街一带的糖行、南北货行、食品行遭到了国

原来的"一副",后来的影都广场

民党飞机的轰炸后元气大伤。1956年,宁波工商界对中小工商业完成社会主义改造后,经营食品副食的老字号只剩下"冠生园""升阳泰"等寥寥几家。

1971年秋天,甬城人民惊奇地发现,在东门口的反帝桥(今新江桥)下,出现了一座两层的小平楼。小平楼里的宁波"一副"采用了"前店后工厂"的模式,一楼是大卖场,二楼是工厂和冷饮部,荟萃了各类食品。

1972年2月1日,宁波第一食品商店正式开业,开业的初期,人潮汹涌,营业额逐日飙升,从早上8点营业,直到晚上8点关门,前来采购食品的百姓里三层外三层的,久久不愿离去。每天临近关门的时候,党委书记

新江桥（1981年）

拿着喇叭站在柜台上面反复喊几遍："阿拉要关门啦，请大家明天再来！"这家规模大、货品全的副食品商店一出现，很快让其他同行望尘莫及，彼时，红旗大街（中山路）上的"冠生园"、鼓楼的"升阳泰"，生意一下子冷清了，城里人、乡下人一股脑儿都往"一副"跑。

说白了，"一副"就是计划经济时代的食品大本营，宁波不同于上海，上海南京路上的各色南货食品店一字排开，而在宁波，货品如此齐全的副食品店只一家，所以生意好也是意料之中。"一副"的糖果蜜饯柜台是孩子们做梦都想去的地方，那时候糖果都论颗卖，没有论斤卖的。顾客买几颗后，营业员会用三角纸包折好递来。宁波的第一颗大白兔奶糖，最早也

东门口、外滩街头（1983年）

是从"一副"柜台卖出去的，最畅销的话梅糖和椰子糖，平日里也难得吃上几回。

20世纪80年代的"一副"是城乡居民逛东门口的必经之处，相比较70年代，食品种类更加繁多。尤其受上海食品的影响，当时上海"益民""冠生园""光明"食品厂的产品尤为畅销，孩子们最想买的是可以吹出泡泡的口香糖。一到年节，市民们买年货的队伍排到了新江桥。

那些年，在"一副"总有些啼笑皆非的往事，回想起来令人激动开怀。譬如在"一副"的二楼曾有烟酒专柜，国产茅台酒是开瓶卖的，一杯要六元。洋酒白兰地、红葡萄酒五元一杯,当时并无吧台之类的设施,许多宁波后生觉得新奇,偶尔兴起,就端起杯子慢慢品尝,酒香阵阵,周围的不少顾客围过来,投以羡慕的眼光,赞叹声四起。

"一副"生意最火爆的时节就算过年前后,瓜子、椒盐小核桃等各类炒货实行限购,柜台前排满了长长的队伍,牛皮糖、芝麻糖和大白兔奶糖经常断货,物资稀缺的年代,很多东西都凭票购买。若你在宁波"一副"上班,托关系来找的人是一拨又一拨的。那年头,能进宁波"一副"做营业员,比如今的考公务员还难。而糕饼柜台里陈列的裱花蛋糕,总是吸引着一群儿童,当时还没鲜奶蛋糕,能吃到一块宁波"一副"的麦淇淋蛋糕,简直是莫大的幸福,经常看到耍无赖的孩子围着玻璃柜台不肯走,大人死拖硬拽地……

20世纪80年代后期,改革开放的步伐加快,"一副"也呈现出快速发展之态。作为全国最大的副食品商店之一,80年代末"一副"销售额曾排名全国第五,除了常规的副食品柜台,宁波"一副"十分"接地气",在靠近门口的位置开辟了熟食区,聘请广东师傅现场制作叉烧、烧鹅,至今仍存在于宁波市面上的"辣味无骨凤爪""麻辣牛百叶"都是继"一副"之踵。"一副"还专门开辟了宁波土特产专柜,酱毛蟹、酱萝卜、黄鱼鲞、泥螺、蟹糊大受外地人欢迎……倘若赶上四时八节,如端午会卖碱水粽,中秋供应现烤的鲜肉月饼,队伍蜿蜒二三十米。一到夏天,在二楼专门开辟了冷饮柜,名唤"一副冰岛",供应橘子冰霜、阿波罗大雪糕、冰绿豆汤等,"轧朋友"的小年轻都涌到那里去吃冷饮。"一副"绝对算是甬城最早的甜品店,场地可比现在的甜品店铺大得多。

进入20世纪90年代后,商品经济的大潮也开始影响"一副",一个重大的改变是,一楼的酱品、蜜饯、茶叶、糕饼等柜台刮起"承包风",竞拍之后开始实行承包制。直到1995年10月,柜台再次收归公司统一管理,曾经的小老板又变回了营业员。不到三年的承包期,让很多营业员发家致富,那是一段"只看见钞票,看不见人头"的好日子。第二个重大的改变是柜台改成自选货架,"自选厅"的购物模式开始出现,顾客觉得新奇,销量立刻上去了。为了扩大经营和方便市民，宁波"一副"开了十几家连锁店，如南苑店、大卿桥店、仓桥店，拓展了更大空间。

"一副"的促销活动也曾力度空前。1997年7月1日，为了庆祝香港回归，宁波"一副"通宵营业，同时搞过一次轰动全市的购物抽奖活动，特等奖是一辆红色的夏利车。在人均月收入不过几百元的年代，这个特等奖无疑在甬城商界投下一颗重量级的炸弹。于是，"一副"又成了全城人目光的焦点，"到宁波，逛一副；买特产，进一副"，"一副"成了名副其实的吸金之地。

20世纪90年代末，城市新一轮规划启动，"一副"地块拆迁后随之消失，家喻户晓、承载了深刻回忆与情感的国营副食品商店从此一去不复返。但宁波"一副"始终是陪伴着老一辈宁波人走过峥嵘岁月的，它更是年轻一辈宁波人难忘的儿时回忆。

【四】

小民雀跃尘埃里

甬江东岸的冰厂群

小民雀跃尘埃里

《列子·杨朱》里有个譬喻，是成语"野人献曝"的由来："昔者宋国有田夫，常衣缊黂，仅以过冬。暨春东作，自曝于日，不知天下之有广厦隩室，绵纩狐貉。顾谓其妻曰：'负日之暄，人莫知者；以献吾君，将有重赏。'"这其实是一个悲伤极了的故事。不同阶级的人拥有各自的平行世界，界限清晰，无比孤独。

江厦是商户的，也是小民的。人们津津乐道着"江厦大先生，走路慢吞吞"，却很少有人会想到小民的步子是怎样的。他们畏畏缩缩，蹲在历史的角落里，在书缝或报端，被一带而过。

这里的街道上自然也有走街串巷的手艺人，挑着汤圆或馄饨的小贩，一如旧中国的其他城市。但有一种人是他处鲜有的：挑冰人。英国植物学家福琼在晚清来到宁波，《华北诸省漫记》记下了他的诸般奇遇。其中一奇是江畔连绵的冰厂——如此简陋的茅草屋，竟能将冰块储存到来年，甚至更久。"二之日凿冰冲冲，三之日纳于凌阴"，挑冰人在严寒冬日凿冰储存于冰田，又在夏季辛苦挑出，给出海的渔船或运送海鲜的

见证宁波渔港百年兴衰史的冰厂遗址

船只充冰。

所以徐兆昺在《四明谈助》里介绍甬江贩聚鲜货,第一个讲的便是冰:"甬东滨江居民,多以藏冰为业,谓之'冰厂'。夏初凿取,以佐渔鱼行远。贩夫冰船,多系于芥子庵道头。"芥子庵在灵桥北,屋舍早租给铺户,因了门口的道头,倒成了个挤满冰船的热闹去处。那些为了让冰干净些,光着脚或穿着草鞋用背脊挑起一担担冰的挑冰人,穿梭在冰船和渔船间,步重于山,命轻如芥。

劳力背负重担,而店铺里的伙计则被银钱压垮。1886年5月的《申报》上有一则"明州近事":"湖西詹桥下某甲向在江厦拆兑铺为伙,日前至店归家,越宿出门,不知所往,检其账袋内有绝命冤词一章,大约谓债台百级无可抵偿,故愿与波臣为伍云。"这个将绝命书悲情地留在账袋里的伙计,终究只成了一个"某甲"。

有时连热闹也是奢侈的。1875年12月,"宁郡杂闻"里报道,江厦地方夜演神戏,锣鼓喧天之际,众人都挤到台前,最里面的人竟被挤到双足悬空。其中有个二十多岁的小竹匠,本有小病,于是大呼救命,看众却置若罔闻。等到戏全场演完,才有人把他抬出去,小竹匠早已气绝。1882

冰厂

年 7 月，宁波府有一张缉拿告示，可以让我们窥得小民的苦境：江厦一带有不少"吃空手饭"的地棍，有的自号"小梁山"，有的称"八步大王"。他们成群结党，遇到乡人路过，无故拉扯敲诈。同是底层，对同样境遇的人却只有冷漠和残忍，这才是世界对他们真正残酷的地方。

实在被刺痛时，也会有一些反抗。1948 年的《群言》记录了是年 6 月宁波的抢米风潮。国民党大势已去，国内经济一片混乱，米价直线上涨，竟至一千三百万一石。14 日下午东渡路及江厦街一带，有一身穿黑色学生装的人沿路高呼："米商涨价太高，不顾穷人死活！"边喊边把粪汁浇向路边米店。两小时后，民众一起闯进全城二百余家米店，哄抢大米。然而这样的斗争不免显得无望，不说那些被米袋压毙和在踩踏中受伤的人，一时抢来的米，又能吃多久呢？

小民不会言说，我们无从知晓他们在江厦是怎样度过了劬劳一生。他们唯一的幸运是，在这块土地眼里，挑工和经理，工匠和权要，佣人和主人，都是一样的。当他们偶尔停下劳作，抬起头来，会感受到同样的江风和日光。

天妃宫

今日同心赏节庆

在古老中国，礼法森严，俗世无趣，节庆无疑是日常生活外难得的狂欢。《竹枝词》本是民歌变体，因而甬派诗人的词作里，留下了江厦过节时的热闹。李邺嗣《鄮东竹枝词》既说"记得少年曾趁队，天妃宫外看芒神"，也说"但了一条鞭税外，龙船赛鼓遍东乡"。张延章《鄞城十二个月竹枝词》亦写"城东更比城西盛，鼓吹喧天闹画船"。

句芒神属木，也主春，因此要立春前一日抬着巡城，多伴有大班鼓吹、地戏、秧歌、打牛等。人们夹道聚观，争掷五谷，谓之看迎春。而天妃宫素来不是冷清之地。1892年11月，天妃宫开光，"前后大殿及两廊一律悬灯结彩，大门外牌楼辉煌夺目。宫前街两旁店铺皆悬五色明灯。前一夕，滨江庙、汤令公庙召集梨园子弟通宵演戏,以庆升平"。提宪、道宪、府宪都在黎明时来拈香行礼,而庙中演戏有两三百场之多。江厦滨江,自然又是中秋赛龙舟的胜地,"游船鳞次,鬓影衣香,金萧玉管,悠扬数里"。

最盛大的迎神赛会则是四月半会和九月半会。四月半会迎五都元帅,俗称"都神会"。赛会将东西南北的街坊和同行分为四柱,由大柱、总柱组织,柱下又设会社,堪称一时盛况。先一日从大沙泥街的都神庙将五尊神像抬出,驻扎于君子营校场,焰火盒子异常新奇,每盒有十多个名目。次日巡游城厢各处,参赛的会社以糖行街彤云社为最,因有八闽众商相助,"会中所陈各器皆系时新花样,色色鲜明,极欲穷奢","彩阁上则以美貌娈童扮成绝色女子,惊鸿缥缈"。而爵献最佳为半边街,铺户彩搭牌楼,高耸云霄,夜晚燃烛百余支,照耀如同白日。大街小巷都挤满了人,目光随着缓缓行进的大轿而动——因五神分属五色,神前铺垫甚至炉香鼎烛都分为五色;随从八大人的铺垫上是满汉大菜,软糕细点,竟还有洋烟;头牌和纱船雕镂精细,纤毫毕现;高抬阁上坐着扮唐僧取经或八仙过海的小孩,踩高跷的人累了就直接坐在屋檐上。

"九月城中菩萨忙,欤飞庙斗白龙王",众神出游的九月半会另有一番惊心动魄的热闹。"日间遍历城中,夜则在江东、江厦等处",通宵达旦,观者塞途。除抬神以外,仪仗里需有人扮演囚犯以示赎罪,蓬头垢面,五花大绑,穿红衣的叫红犯,青衣叫青犯。更有挂肉身灯的,裸露上肢,用银钩钩住臂上皮肉,下悬大香炉,一路血肉模糊。

诸位神灵的圣诞也要大办一场,真武宫逢武帝圣诞,便会叫来戏班子演戏,通宵达旦。此外还有盂兰盆会,在中元日举办,也叫放焰口或太平公醮。寺庙会先期挂蜈蚣长幡并遍贴榜文,告知孤魂野鬼这场盛大施食。庭中会设高与檐齐的鬼王,伴着纸做的五横七伤判官无常,两旁堆积纸钱。陈金镛在《余之生活观》中回忆供设食品的盛况:"余在宁波江厦,看是最为出奇。如馒首粽子,皆叠成高山,以为不如是,不足以饱孤魂的一餐。至于山珍海味,又是宁波最多的产所,总是拣选最好的,最优美的陈设。还有纸扎的衣履用具,可谓无所不有、无所不备,连赌具烟具,也都完

抬阁

全。"人总以世间情理想象鬼界,否则一个没有饮食和娱乐的虚无世界,也太让人无望了。

然而乐极生悲,在这样举城若狂的时候,总有不幸如暗影追随于后。1876 年 5 月的都神会,无论大街小巷莫不摩肩接踵。有个十五六岁的江北学徒在过真武宫道头时,恰巧遇到仪仗,因此站在新江桥小木排上等候,谁知桥一时大动,小木排在摇摆中翻入波浪。当时渡口泊满了船,想要捞救也无从下手。到了傍晚,老江桥上人山人海,有老幼三人足力不支,在人潮中被拥倒在地,旁边有几个少年呼喊求救,来不及用身体护住,早已被众人践踏至吐血。"好看彤云社,翻落江桥下,氽到下白沙,撩起好像豆腐渣"的民谚,更是将 1869 年的四月半会中新江桥因不胜重负而中断,三四百人淹毙的悲惨往事刻入城市记忆。1880 年中秋,有龙舟在月夜下水试行,被东乡航船不巧撞沉,舟上十多人全都落水,其中二人淹死。

狂欢和苦痛同时,这大概就是神祇们在云端看到的人间的真相。

1876年左右，两位宁波女子在照相馆照相（杜德维相册）

拍手儿童噪街头

  翻看百年前的老照片时总是觉得，在贫穷、疾病、战乱、屈辱之外，晚清也自有其鲜洁有趣的一面。尤其是相片里那些大笑的孩童，他们叠罗汉扮成龙头，用帕子蒙着眼睛捉迷藏，小孩子攀在大孩子的胳膊上转到飞起来。里面当然也有宁波的小小人。

  杜德维的相片集里，有一张1876年左右在宁波拍下的照片。一个小女孩在西式布置的照相馆里，身旁是罗马柱的布景，脚下是黑白花砖。这个未来的闺秀穿上了最好的衣裤和绣花鞋，发髻偏在一边，眉眼细致，带着些惘然。太古轮船公司的少东家沃伦·斯怀尔多次来到宁波，他在1906年用镜头记录了两个生活场景：两个小男孩走在平坦的江北岸外马路上，身后是洋楼和堆满货物的仓库，他们垂着长辫，露着脚踝，正准备躲开。另一个男孩走在仓库边的巷子里，白色的袍褂，衬得脸和脚下的布

江北外滩

鞋一样黝黑。还有一张无名氏的照片则摄于宁波某座寺庙外的弄堂,对面是人头攒动的庙宇,一溜的孩子高低错落地倚墙遥望,像是突然听到叫唤,惊诧地回过头来。

1841年在江厦街头的小乞丐们,却离这样的繁华平和太远了。徐时栋《烟屿楼诗集》里有一首《乞儿曲》,用乞儿的口吻向鬼子诉哀苦:"甬江大马头,南船北船,日日江中浮。遍走天下,不及江厦,列肆江西东,大家满城中。大家与我米,列肆与我钱。"而如今"街寂寂,可张罗。旧门户,墙嵯峨"。序里说"西夷据郡城积七八月,郡中乞儿益穷饿",从四面八方会集而米,洋人见此大惊,最终舍城而去。"是役也,偷儿之功什六七,乞儿之功什二三"。家国衰颓,只好将想象加诸偷儿乞儿身上,为他们作凯歌。

民国之后,江厦又恢复了"拍手儿童噪六街"的场景。孩子们在街头唱跳的换成了《宁波名店歌》:"江厦行场净算大,有名字号都数过:大裕丰,卖洋货,龚四海惯卖小人白相果。恒茂油行客商多,保和糖行生意大。钱丰米行顶先做,方悦来,拆兑大,嘉泰簿子定做货,馒头要算方怡和。"

周冠明《濡沫二集》

周冠明在《濡沫二集》里回忆在江厦度过的童年，由于父亲在此做事，他从8岁（1930年）开始就在这里度过了大把光阴。十多年来，他在无线电收音机的声音里，一次次走过那些防火墙，走过商铺的木排门和行庄的石库门。他陪母亲去新宝华绸布店买布料，惊叹于屋顶花园的孔雀和猴子。他被父亲领着去新江桥看大轮船，14岁时新灵桥通桥，人山人海，一家人"从桥边被拥到桥上钢柱的旁边，父亲身子高，他伸出手摸了摸钢柱，对我们说：'柱子抖动着哩。'我也想去摸一下，但够不着，而且很快被向东拥去"。《宁波旧影》里正好有一张那日的照片，将他记忆中"新桥钢梁前搭起松门，彩花彩旗，鲜艳夺目，桥头的碑座也扎着彩绸飘带"的热闹永远留住。

戎行家则在江厦街上开了一爿糖行，他在《宁波江厦》中回想四十年前的自己，"还是一个小学生，剃了个光头，穿着由母亲做的布底鞋，一件蓝色阴丹士林布长衫，有时还带上一把洋伞，从乡下步行或花上十四个铜板搭乘小火轮去宁波，十足是个进城的乡巴佬"。黄包车经过时，江厦街

灵桥通桥典礼

的石头路面叮咚作响。鱼行店伙们围着蓝色的长围裙,或是穿着灯笼裤,南北货行的则在长袖子外套上袖套。商店铺面格外深长,一个铺面常有三四家行号:临街商店,楼上的糖行,后面是库房。钱庄店门狭窄,门边只钉了个小金字招牌,余丰、汇丰、益大……每在夏夜,洗过热水澡,便跟大哥或店伙们坐在后门口乘凉,远看江中的渔火点点。有时大伙儿凑钱叫个说书或做口技的来助兴,过了半夜才乘兴而散,消夜后方睡。

戎行写到这里就止了,他大概只愿记住好时光。周冠明却继续写了下去,15岁时战争发生,江厦街商店里的玻璃窗和别处一样都贴上了斜十字的纸条,灯泡用黑布罩住,货物都转移到乡间。再后来,灵桥成了日伪岗哨,因为禁止棉布出市,他亲见有个乡民把丈余棉布围在腰间,过桥时被搜出而遭没收了。又一轮贫穷、疾病、战乱、屈辱到来,然而江厦毕竟会迎来又一代街童。

麻将起源地陈列馆

灯火春摇不夜天

江厦素来繁华,相比于日落而息的老城厢他处,颇有"天街平贴净无尘,灯火春摇不夜城"的景致。

罂粟和茶一样,可谓是改变中国历史的一种植物。宁波自1844年开埠后,鸦片大量流入,仅江厦街一带,就有土行、冷膏店二十余家。1878年,宁波官府在各烟馆门口张贴告示,务必二更熄灯,如有违反,依律处置。只有江厦、江东各商禀称,以行号生意甚大,与其他店铺不同,请求宽展时刻,因此延迟至三更。

同年1月,江厦某土行派人挑土两担,大约一百多包,经过濠河时被巡丁拦下。挑夫争辩说濠河局只管盐务,洋药自有专局。巡丁不顾,押着挑夫将烟土运往自己的寓所。其中一个挑夫赶回江厦,带着三十一家土行共七八十人赶来,反而将巡丁送往濠河局查办。大令见来势汹汹,假称巡丁并不是本局中人。于是土行更长了气势,假称巡丁白昼抢夺,更要捆送县令了。巡丁一听大惊,用湖南话和同乡委员诉说,掏出腰牌,实在是局巡无疑。大令骑虎难下,只好说这是委员的家丁。土行将土挑回后,联名公禀于牙厘总局与关道署中。虽然巡丁有错在先,又有借故吞没的嫌疑,然而由此也可见江厦鸦片业势力之大。

大烟以外,此处还是麻将文化的兴起之地。慵讷居士《咫闻录》卷七讲宁波匠人被摄魂,自述被人拉扯而行,经过一个城隍庙时才解了围。茫然不知归路,只好在东门房等候,"房有狭桌,桌有抽斗,斗有竹牌一副,少幺六一张"。匠人无聊,正独自玩牌,忽见凤凰,随看随行,不想竟回了家。旁人随即去城隍庙东门房一看,果然有桌与竹牌,仔细翻检,共有三十一块牌,唯独少了一张幺六——可见当时搓的还是三十二张的宣和牌。现在所谓的麻将便是从江厦流传出去的,杜亚泉在《博史》里说:"相传谓马将牌先流行于闽粤濒海各地及海舶间,清光绪初年,由宁波江厦延及津沪商埠","五口通商以后,海舶多聚于宁波江厦,各省商贾客,流寓江厦,繁盛过于上海,演习马将者遂日众"。

对于博徒来说,什么都可以用来赌。《申报》上的新闻可见当年江厦赌棋的盛况:1878年,江厦之赌车马炮者屡禁屡犯,并在夜间高烧白烛,每桌围绕数十人以博胜负,常有妇女杂入。有个三十多岁的妇人输完了手头的四百钱,仍不舍得走,又向蓝布裹头的福建人借钱,借来便输,共输八百文。妇人脸红失色,恳求明日偿还,最终拔下头上银簪,又脱下身上的单布衫为质,才得以含泪离开。1900年,福建人在江厦席地设摊,诱人赌棋,被县令不动声色拿下数名,笞臀枷号。

叶凯蒂在《上海·爱》里探寻近代上海娱乐业的意义——正是光怪陆离的游乐场,参与建构了城市身份和公共空间。于是那些在上海享乐的宁波人回到故乡,在江厦街筑了宁波最早的游乐场:旭日东升楼。1909年,宁波工商界和旅沪同乡会集资5000银圆,组成股份有限公司,把昔日击鼓鸣金、射矢发石的东渡门城楼改葺扩建,变成一个雕梁画栋、回廊曲房的游乐天堂。里面有酒楼、茶室、书场、舞台、弹子房、小卖部,人们来此喝茶聚饮,听书观剧。可以想象,当年会有多少人在里面享受,沉

1949 年大轰炸后之新江桥北堍西侧的青年会馆

醉,夜夜笙歌。1914 年《最新宁波城厢图》中还专门标注了此楼。然而好景不长,旭日东升楼后来因为军阀混战,捐税繁重,又遭当局和乡绅的勒索,被迫停业。1929 年,在全面拆除城墙的过程中,终于和附近的城垣一道被拆除。1931 年,灵桥门外又多了一座大世界,一楼是菜场,楼上是三个剧场,后来又多了影院。京剧、滩簧、的笃班、走书……台下坐着的人,像是有做不完的梦。

宁波青年会也在面向甬江的新江桥堍头建了会所。戎行在《宁波江北岸风情》里回忆,"当时宁波的一般青年,最时髦的去处,就是上基督教主办的青年会",这座二层洋楼里面有"弹子房、桌球、溜冰、室内球场、阅览室、电影院、西餐馆",青年们为这些洋派的新鲜玩意儿纷纷加入为会员。

从在大烟缭绕里睡去,在麻将和棋子间输赢,到去游乐场,参加青年会,时光流转,寻求快乐的方式也随之变得不同。然而江厦的夜,依然是自顾自热闹着。

1935年消防龙头试射（"一副"至状元楼转角处）

水火无情不相饶

《楼炭经》里说："天地有三灾变：一者火灾变，二者水灾变，三者风灾变。"江厦店铺林立，又大都木制，极易有火情。又因为江南多雨，地处滨江，便常遭水淹。

1877年11月的《申报》有一则"宁波又火"的报道：这个月来宁波民居屡屡遭火，十三日夜，灵桥门外宫前钉铁、油麻店又失火，"延烧两岸之帽店、油行、漆店、信局、靛行、钱铺等共三十余家，计屋百余间"。本就是繁华地带，大都是殷实铺家，这一来，亏损自不待言。火从南面的公墙一直烧到了北边的天后宫，天后宫的栅栏山门都被烧焦，幸好宫殿尚且无碍。报上按语又说，天后宫为福建会馆，"殿宇华丽为甬上冠"，"大殿前有青石柱两楹，雕镂云龙，惟妙惟肖，玲珑万状"，是从福州载来的。后来又就地取材仿制了两柱，便与福州载来之柱有天渊之隔了。这次没有受损，福建人都说果然是天后有灵，想要设水陆大醮演戏来答谢神恩。

幸与不幸都可以归因神祇。1891年12月12日，江厦大道头应玉佩伞店无端火起，还好很快扑灭，不至于蔓延。附近的各家店铺深怕殃及池鱼,都将银钱和贵重物品搬出屋外。事后仍然后怕,便到西门史鸿章卜士处问吉凶。卜士认定是五通神作祟,于是众人又聚资请道士在滨江庙设坛,以期平安。和之前笑天后宫大醮是"愚民之好事如此"一样,记者不免又叹息:"嚱嘻!天道远,人道迩,设醮禳灾,不如曲突徙薪!"

与之衬映的是,1912年9月,江厦双街新太和咸货店正因在财神座前燃烛,以致火遍四周。永丰泰、裕生阳、同德生糖食店、协同信局、甬得懋、大东阳、甬生祥、甬震大、甬仁泰海味店、和泰、广润、方悦来咸货店、协昌水果行、万年丰、晋和、新源、建帮桂圆店、丰和米店、广惠安宵夜馆、协森祥雨伞木鞋店、生源肉店、久和火腿店、德新钱店……一百多间房屋,都毁于一旦。虽然城厢内外救火会调动了全部的水龙,然而损失已经不下数十万元。火太残酷了,民众只好寄希望于神灵,可悲之处在于,哪怕祈祷再热切,他们也很难得到回应。1918年4月,东门瓮城内失火,因地面狭小,霎时延烧殆遍。旭日东升楼高踞城头,一时亦被卷烧,还焚及鸿章绸庄、凤宝银楼、华通大药房、天元帽庄、老得利钉鞋店、福昌铜店十余家。1925年10月,大道头公墙下润丰昶广货号,不知如何失慎,霎时烟火猛烈,烧及安泰席店、得利肉店、和兴理发所、香山堂药店、周永泰漆店、丰和咸货店、嘉泰纸店、源记海味号、荣昌水果行、张信茂酱园店等共二十余间,损失三万余元。1931年10月,天后宫后街俞泉兴油箩店不知何故,突然着火,两小时才扑灭,延烧邻店二十多家,房屋三十余间,损失六万余元。

江厦的火还留在了当时最大的英文报纸《北华捷报》中,然而西人看到火焰,更看到火焰后面的制度。1905年12月,《北华捷报》刊发了宁波通讯员的文章《一场灾难性的火灾》。东门口一带多为主要街道,老城厢的大量重要商铺都坐落于此。前一年,一场大火摧毁了第二和第三面防火墙之间的所有店铺,而这次,第一和第二面防火墙之间的,又再次化为灰烬。本地的救火会在面对这场三小时的大火时无能为力,水需要用人力从河流中抽起来,这使得救火会的努力是那么徒劳。帝制时代的救火只能靠善会和地方力量,用的又都是老旧的器材。

1931年3月，又一场宁波大火出现于报面，标题却改成了"地方消防队的有效工作"。大道头因为电灯保险丝熔断起火，整个城市都能看见冲天的火光。电马上被断掉，各个区域的消防队立即赶来。虽然宁波仍然还未起用现代化的消防设备，但毕竟有了改善，火情很快得到了控制，消防队赢得了普遍的赞誉。每一滴水都是临时雇用的劳工从河里运来的，但街头有太多居民，劳工时常被堵在半路。警察不得不强力驱散，通讯员身上也挨了几下，还在混乱中被浇了一桶水。但还是有人不顾危险，在即将倒下的房屋间抢救财物，直到被警察赶走。还好，被完全焚毁的只有七八家，而大多数店铺都上了保险。时代更替，事情总会往好里走。

救人的水，到了另一个时候，又会变成另一场灾难。夏秋总是多风雨，1883年8月初，天忽昏黑，大雨如注，沿江一岸水深三四尺，瓮城各店货物来不及搬走的都被浸坏。受灾最严重的是糖行街的糖、米行街的米。中旬，宁波又风驰雨骤，路面上都没了行人，店铺都闭门不开。城河里的水涨得和桥齐平，到处一片汪洋。船只淹没，能合抱的树木都被拔起，棉花、籼稻倒伏一片。半边街南首公墙被风吹倒，墙下店屋压坍，伤了三人。1889年8月，上午还云淡风高，下午便雷鸣电闪，雨水漫溢街道。江中浪涌如山，舟楫不能往来，江水漫入灵桥门内的江东、江厦，沿江房屋都浸水中，到处都能听到房屋倒塌、呼唤家人的声音。第二天有船行经老江桥，潮流甚急，舟子把舵不稳，冲断江桥，船也当即沉没。当时老江桥上行人不少，因来不及躲避，遇难者甚多。随后新江桥也被撞开，江厦、江东不能往来，行人都冒险到大道头或老江桥河沿呼船。渡船平日可载五人，每人四文。那日只载四人，每人索钱一二十文，有的在半江被浪花卷去，不及抢救。西门、南门外，牲畜和器皿漂流水上，甚至还有停厝的棺木，农田被淹更不必再说。

水火无情，有多少鲜活的生命变成了冰冷数字，又有多少店铺的招牌再也挂不出来。现代化有诸般弊病，但总有让人感激的：好在无论是火灾还是水灾，自上至下皆有完善的应对，江厦的居民们仍会忧虑，却不再畏惧。

沿江一带为江厦公园

江厦公园诞生记

　　旧时的江厦街曾是宁波老城内的重要地标。双街、半边街、钱行街、糖行街四街各具特色，成为我市最繁华、最富庶的黄金地段。可惜在宁波解放前夕，整条街遭到国民党飞机狂轰滥炸，1949年9月20日，江厦街上一片火海，顿成废墟。中华人民共和国成立后，人民政府在这片土地上搭起了临时建筑，作为经商和居住之用，但元气大伤后不能恢复，往日的繁华不可回。到了20世纪80年代，不少建筑已经破败不堪，沿江一带已影响了市容市貌。

　　为了改革开放和改善市容的需要，根据宁波市总体规划设计，1987年5月，市政府做出了在沿江一带兴建一座公园的决定，这个决定把过去一条破烂不堪的江厦街，变成花团锦簇、草坪舒展的江滨公园，大大改善了江厦街和东门口的拥挤状况，因此得到了社会各界的广泛响应。这个

清洁工正在打扫江厦街

决定也是1988年政府十大实事之一,引起众人瞩目。

江厦公园工程分成两期,一期建设区块从江厦浮桥到灵桥之间,总长不过500米,平均宽度不过40米,占地25亩,1987年12月14日开工,总体预算造价为200万元,涉及拆迁房屋154户。江厦公园规划建设一开始,市政府提出"人民公园人民建"的方针,发动社会各方力量参与公园建设,采取"国家拨一点,社会集一些"的多渠道筹资方式。这一号召也得到了各系统的支持,周边的受益单位如市五金交电公司等也纷纷解囊,积极资助公园建设。

无独有偶,正当江厦公园如火如荼地建造之时,对面的华联商厦也在有条不紊地施工中,江厦街上一派欣欣向荣之景象。正在施工的华联商厦场地,发掘了古国际海运和古造船遗址,证明了江厦一带曾是三江口海上贸易的集散地。早在唐朝中叶,宁波就与泉州、广州并称全国三大贸易港口,所以在江厦公园的最醒目之地有古船和驶向大海的风帆作为门标。

门标的精美设计,风帆形门的独特造型,都深深蕴含了港城的历史文化,展示出宁波自古以来就是国际港口城市。其中,门标的建设还得到全国政协领导的关心,当时的全国政协副主席赵朴初在视察宁波时,了解到"三江口"要建江厦公园，回京后专门书写了"江厦公园"四个大字，让在京开会的市政协领导段凤章带回宁波，刻在了风帆形门标上。其中的"三江口"简介首次刻上中英文对照记，透露着港城改革开放的信号。这块门标的英文校对工作，也得到了宁波大学美国教授的帮助。

"港城特色，现代风格，涵盖宁波历史文化"是江厦公园的设计主题。公园处在三江交汇之地，

20世纪80年代的江厦桥（浮桥）

着力突出"三江口"的历史文化背景，注重细节设计。譬如公园中的三瀑式喷泉，终日汩汩流出，象征着东流的余姚江、南来的奉化江和出海的甬江，寓意着此处为宁波的发祥地。

三瀑式喷泉的不远处，还有一组海鸥亭和少女的雕塑，一组伸长脖子、舒展翅膀的海鸥从江上飞来，在少女旁边驻留，极具现代风格，传递出现代城市建设的新风向。

老宁波人都还记得，过去江厦街一带交通极为拥挤，路面坑洼不平。

江厦公园里的来远亭遗址

在江厦公园附近,当时连接江东和海曙的还是一座浮桥,几年之后才有江厦桥。由于在造园中充分运用雕塑、山石喷泉建筑,种植乔、灌木,又有大面积草坪的精细配置,加之江边无屏障的优势,江厦区域改造成公园后,变成了一幅环境优美的立体风景画,一改当年的破败不堪。

江厦公园一期工程1987年9月立项,12月14日开工,到1988年6月竣工,工期历时6个月。公园一期竣工后,于1988年6月30日在公园广场内举行了隆重的落成典礼。耿典华市长剪彩,陈文宪副市长致辞,省建设厅也发来贺电。7月1日,江厦公园正式对外开放,为党的生日献上了一份贺礼。

江厦公园二期建设,从江厦桥到新江桥之间,占地13.36亩,修建了"望江楼"等景观。在绿化的设计上,科学合理配置乔、灌木,种植大批香樟树和山茶花,运用大面积的四季青草坪,引种了我市最早的冷剂型草皮,并试种成功。据说东海舰队专门派出5辆运输车到江苏常熟将这些草皮运回。因此,即便在寒风凛冽的冬日,市民仍能看到大片绿色草坪而感到一许春意。二期工程 1989 年 4 月 8 日动工，当年 12 月 22 日竣工，12 月 30 日对外开放。10 年之后，1998 年 11 月 22 日，又在此树立"道元禅师入宋纪念碑"，以纪念中日之文化交流。

江厦公园诞生后，对面的华联商厦等高楼犹如雨后春笋般拔地而起。江厦街的西侧汇集金融、百货、邮电、副食等行业，重现繁华的商业经济区；东侧则是芳草如茵、亭阁隐现、四时常青的市民休憩胜地。这是改革开放带给江厦的重大变化，这些变化也标志着宁波人民在物质生活和精神面貌上的升华。

江厦公园的诞生，更多体现了"人民公园人民建"的理念。社会各方力量广泛参与建设，各单位积极配合，拆迁安置工作有条不紊，市联合运输公司义务包干清运瓦砾，为建设扫除障碍，市建委和园林处也多次要求承担地址勘察等工作，体现了社会主义新风尚。竣工后的江厦公园与"三江""三桥"和高楼和谐相融，构成了独具三江口文化特色的风景画卷，为宁波这座历史文化名城再添光彩，也是甬城民众引以为自豪之地。

【五】 一江明月话旧事

老江桥浮桥和远处的灵桥门

江桥无柱架空横

江厦一带自古是宁波最繁华的中心地带，江厦街所处的三江口区域，也是中国海上丝绸之路始发港、内外贸易发源地之一。江厦街见证了宁波建城起延续至今的繁华，是宁波千年商埠、东方大港的象征和缩影。

江厦街的奇特，在于它是唯一连接奉化江、余姚江和甬江的一条街，几百米的小街附近有两座桥一直萦绕于心，每每提笔，总觉沉重，只怕笔缘浅拙，道不尽甬城百姓对它们寄托的深情。明州时代，民间道路遇江阻隔则设津渡，备舟楫以衔接两岸交通，先津渡而后引桥，引出的第一道为横跨奉化江、连接江东的"灵桥"，俗呼"老江桥"，另一道是三江口桃花渡

灵桥新建于1936年

口的"新江桥",连接"晒网稻花鱼"的江北岸。这两座桥的前身皆为浮桥,所谓"江桥无柱架空横",乃是明州时代两道独特的风景。

灵桥溯源为"东津浮桥",为唐长庆三年(823),明州刺史应彪发动民众所引。之前的安史之乱已平定,但唐朝就此由盛转衰,中唐时期展开。但长庆年间对宁波的城建史而言,又是一个特别重要的历史时点,因为在刺史应彪发动民众引"东津浮桥"的两年前,前任刺史韩察将州治从小溪迁到三江口,率众筑造子城,明州城已初具规模。

"东津浮桥"是宁波历史上第一道横跨奉化江的浮桥。史书记载是用十六只船,上铺六尺宽的木板,以篾索联系成排,连络两端。桥长五十五丈,宽一丈四尺。传言引桥时,青天有虹霓现于云表,遂起名为"灵现桥",又作"灵建桥""东津浮桥",官方习惯简称为"灵桥",民间俗呼"老江桥"。此桥西接城区"三法卿"(药行街),东埭直接江东百丈路,遂排解商旅涉江之难。浮桥千载以来,屡坏屡修,官府与地方均甚重视。但木造浮桥始终经不起风雨侵袭、人过车驰,最怕台风临境,骤风暴雨不停,奉化江上游山洪暴发,江水流势汹涌,浮桥会断链折索,舟排飘散,时有行人落水等险情发生。南宋诗人陆游过明州时看到这般景象,不免发出"江桥无柱架空

新江桥东堍

横"的感喟。

"东津浮桥"屡坏屡修，千年之后也无人有能力将其改建为坚固耐久的新式桥梁，而此时，欧美经济发达国家建筑的现代桥梁早已遍布各地了。1922年，留学日本的归国甬人陈树棠拟定工程设计图致宁波当局，但改建方案因官方无力负担、地方无暇顾及而成泡影。直到1931年前后，宁波旅沪同乡会将改建提上议事日程。乐振葆、张继光偕同德国工程师自沪来甬重修，工程由德商西门子洋行承包，历时五年，全部工程于1936年5月完工。长虹卧波，灵桥再现，多年梦寐以求的愿望得以实现，宁波终于告别了浮桥随江水飘动的时代。

1937年7月抗日战争全面爆发，接着"八一三"淞沪战役又起，日寇飞机将宁波的交通命脉灵桥视为主要目标进行轰炸，两年半的时间内不时向它俯冲投弹。1949年5月24日宁波解放，退处定海之国民党空军妄图阻挡大军前进，以轰炸灵桥断绝过江交通的方式来苟延残喘，几乎每天出动飞机飞临宁波对灵桥进行轰炸扫射，持续低空投弹。经这两次大规模轰炸，灵桥竟奇迹般地保存下来了。1950年底，宁波市人民政府拨款将灵桥修葺一新。

宁波新江桥的历史不及灵桥久远,宋代设三江口桃花渡,昔为城通江北、镇海之要津。鸦片战争宁波开埠后,清同治二年(1863)英国人台佛逊将原先建于盐仓门的浮桥移建于此,滑稽之处在于桥的主权归英国人所有,凡过桥者要按人、甚至按件收铜钿,贫者过不起桥也是当年的事实。清政府束手无策,道、府、县不敢制止,民众激怒却无能为力。

"四百余人同日死"的故事也出自新江桥,同治五年(1866)年四月十三,"五都元帅"甬上迎赛都神会如期举行,四乡民众赶来看会者万头攒动,充塞于浮桥和两岸。当赛会民众迎过来时,人群纷纷自桥上向北涌去,浮桥窄小不胜负荷,忽然轰隆一声,桥身拦腰折断,竟有三四百人坠入江中。一时哀号之声震天撼地,一旁收费的英人还拍手大笑,丧尽天良。后人留诗哀悼:"吁嗟观乐出城东,霎时葬身鱼腹中。父母妻子临江哭,江干簌簌起悲风。"

"四百余人同日死"的事件过后,浮桥才由"甬人严文周始出洋药税局节余金,向英领赎回"。浮桥经修理后再次贯通,由宁波乡绅、福建鸦片商人组成董事局合股管理,从此成为义桥。1949年后,人民政府重新架梁,运用双曲拱桥技术,以工字型钢梁结构取浮桥代之,改建后的新江桥为三江口继灵桥后的第二座固定桥,可通行汽车,矗立于桃花渡两岸,颇为壮观。其称呼一度又改为"反帝桥"。

沧海桑田几沉浮,曾经的两座浮桥饱经风霜、历尽甘苦之余,如月映水,隐隐约约可呈现出一些远去的古城印记。伴随着江厦街的悠悠过往,沉淀其中的岁月故事依旧精彩绝伦。

滨江路

战火延烧江厦街

明代开启的海禁政策一直持续到清代,在台湾收复大局鼎定之后,康熙二十三年(1684),朝廷正式解除海禁,放宽本国商船出海贸易的限制,但此时的宁波,由于历史惯性,仍然主要针对日本一国开展贸易。

清道光十年(1830)开始,我国对日贸易只限于宁波这一个口岸。这种定向外贸模式,直到道光二十二年(1842)中英《南京条约》签订生效才得到改变。按照条约,宁波与广州、厦门、福州、上海五个城市一道,被辟为"五口通商"口岸。从此,世界各国列强纷纷到宁波设立领事馆,控制海关,市舶关税权落入西方殖民者手中,被把持80余年之久。

中英《南京条约》固然丧权辱国,但宁波客观上就此成为官方指定的对外商埠,面向全世界开放,三江口、江厦一带再次成为欧美商船云集之所。之前的码头在城墙根的东门口,是一个被称作"走遍天下,勿及宁波江厦"的地方。可外国人驶来的不是舢板,而是大船。其船体之大,大得无法驶入江厦码头。外国的大轮船必须在江北岸一隅滩涂停机抛锚,如此这般,码头就往北移了千余米,从江厦街移到了江北岸。

六面塔(今新江桥南堍东侧江厦公园内)

从此,江北岸不再是个"晒网稻花鱼"的江村,"九十九墩蟠岸北,一墩翔处半乘潮"的江畔景色,被进进出出、冒着烟的中外货轮所代替。中外商家争相在江岸边开张兴业,外国人士也大多选择在江北岸开辟新港口。不久,外国领事馆、天主教堂、银行、海关等新生事物,也都集中新建在江北,这一片俨然成为"租界"的殖民区域,逐渐形成宁波的外滩,宁波人称之为"老外滩"。

1844年,也就是在《南京条约》签订两年后,宁波老外滩正式开埠。由此,宁波港口的轮船码头,实则开始逐步移位。自从1862年美商旗昌轮船公司开辟沪甬航线后,老外滩周边相继开办了13家轮船公司,甬江沿岸先后建造了多个大小不等的码头,所以宁波港的重心也从鸦片战争前的三江口南岸江厦街一带,转移到了北岸的外马路一带。

当江厦的战略地位与航运业渐次脱钩后,其命运似乎也变得多舛起

新江桥东堍

　　来,更让人意想不到的是,在随后一百多年的岁月里,江厦街战祸频仍,竟成了兵家必争之地。首先遭遇的,当然是19世纪中后叶由太平天国运动而燃起的战火。

　　"双枪将,数首王,耿尼枪下见阎王。"故老相传,宁波城里流传着一个关于太平军将领范汝增镇守三江口、血战江厦街的故事。太平天国可以说是中国有史以来第一次遭到中外势力共同镇压的农民起义运动,而范汝增的故事正是典型。据《甬上风华:宁波市非物质文化遗产大观》记载,1862年5月10日,太平天国"首王"范汝增率军在江厦街英勇抗击英法联军的入侵,击毙了法国舰队司令耿尼。

　　旧时,在新江桥(浮桥)南堍路口曾建有一座称为"华尔"塔的六面塔。"华尔"塔与"洋枪队"头目美人华尔实丝毫无关。华尔于1862年9月21日被太平军击毙于慈溪,葬于松江。而新江桥畔的"华尔"塔,是英法殖民主义者联合清军于1862年5月10日进攻宁波太平军时,为纪念太平军击毙的英法官兵(包括法军舰队司令耿尼在内),以及1862年至1863

东渡路一带

年间英军于浙江战役中殒命的官兵所造。1933年法海军司令赫尔与宁波天主教主教戴安斯慑于中国人民反对帝国主义侵略浪潮日益高涨,将塔移至江北岸白沙路外国坟地。

范汝增是广西人,11岁就参加了太平军,后为侍王李世贤部将,授讨逆主将,封进天义。1861年底范汝增率军大败清军,攻克宁波。守城官员们趁乱分别由法国和英国的舰艇护送逃到舟山。半年后,清军和英法联军疯狂反扑,宁波城硝烟再起。1862年5月,英法侵略军下通牒要太平军撤出宁波,被范汝增严词拒绝,5月10日,英法联军和清军的舰队齐聚三江口。英法联军由英国海军"战斗号"舰长、联军司令都乐德克指挥,清军由宁绍台道台张景渠指挥。上午,停在江北岸的英法军舰首先向宁波城开炮,清军则配合进攻。范汝增毫不畏惧,毅然登上城楼,一面指挥太平军向英法舰队开炮还击,一面组织人员抢修被炮火轰塌的城墙和炮台。

彼时,整个江厦街区炮声隆隆,硝烟弥漫,战斗趋于白热化。打到下午,江厦街的城墙已多处被毁,英法联军和清军纷纷从断墙往上爬,法国舰队司令耿尼更是兴奋地亲自督阵。这时，躲在城墙内侧的太平军战士突然杀声四起，奋勇反击，经过鏖战，终于艰难地将中外联军打退，而狂妄的耿尼在登云梯时，也被太平军的枪弹射中，重伤后死去，法军士气大挫。

无情的战火对江厦街的商业贸易破坏很大，著名的滨江庙就因此毁于一旦。而真正令江厦街遭受灭顶之灾的，却是在中华人民共和国成立前夕。1949年5月25日，宁波解放，不甘失败的国民党反动势力为了破坏新生政权，于同年9月13日派出三架飞机突袭宁波灵桥及附近闹市，狂轰滥炸，江厦惨遭重创。至当年12月底，江厦街区前后共遭轰炸数十次，其中9月20日的那次疯狂轰炸，大火延烧长达10多个小时，江厦一带烈火熊熊，房屋尽毁，伤亡惨重。更令人痛心的是，三江口的地标性古建筑天妃宫被当场炸毁，顷刻湮灭在火海中。江厦就此变成一片废墟，钱行街也彻底消失。

凤凰涅槃，浴火重生，被炸毁的江厦街在1951年迎来了历史性的重修。这一年，宁波成立了失业工人筑路队，新政府用"以工代赈"的方式，对江厦街进行了大规模的拓修。就这样，一条全新的江厦街，在破坏殆尽的废墟上重生。

1939年4月底前后日军轰炸后的惨状

炮火声中无完栋

陈锦在《堕堞吟》里极写清军攻入宁波城后的惨状,说"烟尘陡乱城南隅""江厦江东一炬空"。他不知道,三百年后,江厦将在更具摧毁性的炮火中毁于一旦。

1939年4月,有七架日机从海边飞来宁波,散发汪精卫二次宣言的传单,随后又向灵桥门半边街一带掷下十八枚炸弹。一时火光接天,民众在警报声中仓皇奔走,最终覆船十余艘,焚毁屋舍千余间,死伤两百多人。灵桥也中弹一枚,幸好桥身坚固,损坏不大。天后宫后面德商的冷藏公司、新宝华绸庄、四明银行等店铺,几乎全成瓦砾。当时宁波纯为不设防城市,罹难者唯平民而已。后来的数月中,日机又数次来袭,死伤五百余人。这九次投弹后,热闹江厦,顿成死市。

到了1940年9月,日方又将飞机、军舰派往宁波,大道头、半边街首

轰炸后的江厦街

当其冲,燃烧的火焰从拂晓至中午才熄灭。这两年中,也有不少回,飞机只是经过宁波上空,让人虚惊一场。然而在警报声中东躲西藏的心情,想来便深觉不忍。汪曾祺在西南联大时也有躲避空袭的经历,写过一篇《跑警报》:"跑警报大都没有准地点,漫山遍野。但人也有习惯性,跑惯了哪里,愿意上哪里。大多是找一个坟头,这样可以靠靠。"有的则去古驿道旁的山沟,因为常来,就有人用碎石子在壁上嵌字作对联——"见机而作,入土为安"。这是苦中作乐的俏皮,又透着战乱中人命危浅的辛酸。满江厦的人,又是逃到哪里去的呢?

那些侥幸活下来的,不知道自己数年后仍然会被多变的时局裹挟。到了 1949 年,九年前那个来电垂询灾情、慷慨拨款 5 万元的蒋委员长,转身成为那个将飞机派到宁波的毁灭者。5 月后,国民党撤逃到舟山,为了阻拦共军追击,蒋介石不惜一连数月几次三番轰炸他的故乡。《宁波人报特刊》随即出版了"匪机轰炸宁波暴行录",用图景和文字记下了这场灾

《江厦谣》

难。封面别无多话，是几排数字：仅仅八、九两个月，毁屋近五千幢，受灾难胞约三万人。扉页的照片，则是只剩断壁残垣的半边街鱼市场，门墙不全的江厦街。用方言写的《宁波谣》俗极了："走上埠头眼睛睁大，船老大撑船阿会撑错？"这个从乡下回来的老宁波站在废墟里，"看不见花花绿绿的东渡路，寻不着挨挤不开的江厦街，那里是半边街鱼行阵阵腥，再无没灰街粮食行密密排"。而新江桥被炸成两截，"新江桥，剩半条，半条江桥在浪里飘"。

末日般的9月20日那天，有爆炸弹、烧夷弹落在江厦一带，房屋燃烧，百里以外都能看到这片火海。江厦街全部被毁，仅存朝西的几家店面，半边街则只有靠近灵桥的十数家蔬菜行幸免于难。一些钱庄在残缺的门面上贴上纸条，告知迁移后的临时地址。垦业银行员工在余烟中开启保险库，残壁突然倒下，压伤数人。经后来统计，被毁商铺有长长的一串：瑞泰卷烟店毁屋三间，大润花麻行毁屋三间，永康粉号毁屋六间，源丰米行毁屋六间，方悦来咸货店毁屋六间……封底又是一组照片，天后宫、大道头、灵桥路大世界、灵桥旁菜场，这些原本景致各异的地方，在土石灰蒙中看起来是如此相像。

　　宁波市展览馆的《美蒋飞机轰炸惨案调查材料》采集了部分受难者的自述。太和酱园的俞圣宝回忆爆炸后失去知觉："顾客和路人四五十人躲在我店，及至醒来，我身已陷入弹坑，从压着的杂物隙中可看到天空。我用尽力气，将脚拖出，向浩河头栈房走去，人家说我满身是血。这时我才感到脚已肿大，不能走路了。"华伦造纸厂包珠莲当时做产才五天："我丈夫是修钟表的，才26岁，被弹得有三层楼高，出生五天的女孩和我母亲都被压死。只有三岁的女儿被弹到电线杆上挂着，总算没死。"宏大棕棚店学徒说轰的一声后四周乌黑："老板娘被炸上屋梁，一只手臂炸掉，送院就死。我与棕棚一起弹出二三丈远，昏迷一昼夜。"

　　血是容易淡退的。如今走在江厦街头，除了那些垂垂老矣的亲历者，大概很少有人会想到六十多年前的死亡和倾颓。只有等他们都老去，故事才算完。然而也不，那三条江是记得这一切的，默默者存，它们只是不说罢了。

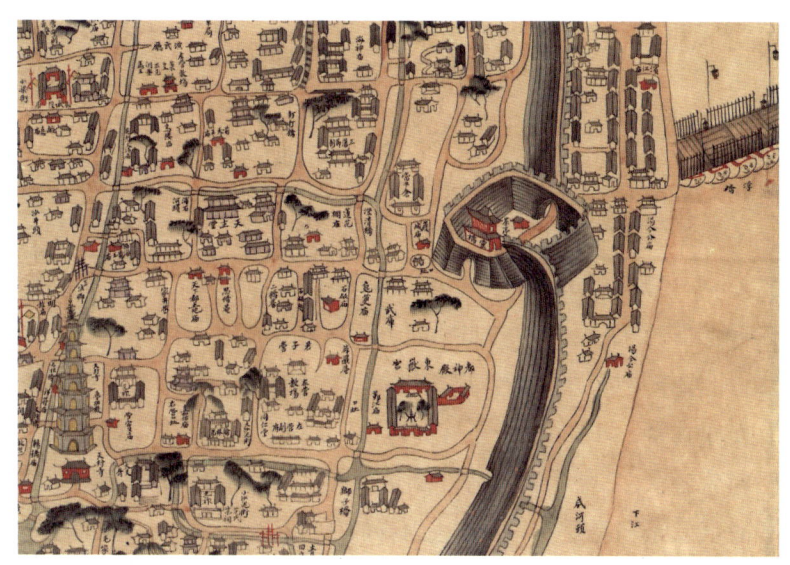

《宁郡地舆图》中的江厦一带宫庙

雍雍肃肃在宫庙

江厦素来街市繁华，人烟阜盛，自然也多庙宇。作于晚清的《宁郡地舆图》亦图亦画，将当时的灵桥绘得真切可爱：涂了兽面的船只搭起这座浮桥，桥上有栅栏和路灯。浮桥西面是一排屋舍俨然的宫庙。灵桥门外是汤令公庙，再往北是滨江庙，东渡门外则是天后宫，精细得连殿门口的鼎都在。1914年《最新宁波城厢图》便更接近现代测绘的地图了，然而在半边街、双街、大道头、宫后、糖行街、方井头等街名之间，仍有前面那三座宫庙，一旁的道头还叫庙道头。东渡门左右，则多了真武宫和关帝殿。

汤令公庙祭祀的是明初开国功臣汤和，人皆以郭令公（郭子仪）为比，因此被称为汤令公。《明史》有"汤和传"，道出这个安徽权臣与宁波的渊源。正德、嘉靖年间，倭寇屡屡入侵浙东。信国公汤和设卫所城五十九座，又令有四个男丁以上的人家，每户取一丁戍守，总共得五万八千七百余人，海疆自此平靖。民众感念，因此建庙为祀，遍布浙东。除了此处，濠河头也有一座汤令公庙，朝代更迭，风云变幻，甬人的感激是不变的。

和汤令公庙一样，滨江庙里香火供奉的也是人。滨江庙实为景迁先生祠,晁景迂是宋时名士,因上书斥党人,谪监明州船场。其寓舍在桃花渡,官寺有亭名"超然",于政事之外,以读书写文为乐。继任监官王铅为他建了这所祠,还嘱托陆游写记。《陆放翁祠记》里将这次贬谪视为大幸,晁景迂学问渊博,终成大家,"向非摈置于荒远寂寞之地,如在船场时,则虽公之敏,此功未易成也"。滨江庙门首刻着"超然亭"三字,想必是同个意思。文章千古事,一时的荒僻与落寞,就显得不值一提了。

　　天后宫说者众多,便不再多言。倒是真武宫和关帝殿,往事渺茫,少为人知。真武宫最初是道观,后被法雨寺收为下院。法雨寺在普陀山光熙峰下,是岛上第二大寺庙。住持明智在雍正年间写有重修碑记:在明万历时,桃花渡舟楫络绎,人多游冶牟利,邑宰魏忠下令在此地建宫,变秽杂之区为清净道场。到了康熙年间,永慧禅师从法雨分住于此,自此便成了法雨寺下院。当时法雨寺别庵和尚道行宏深,蒙圣恩眷顾,四方来朝拜者云集电奔,因此以此下院为接待地,以便香客停骖上船,直抵普陀。十五年后,殿宇年久失修,兴安信士陈君施资重修,又盖茶亭,因此殿中在魏公像旁,增设了陈君像。然而江边风大雨盛,殿阁容易朽坏,所幸又得李君捐资缮理。"绵圣神之香灯,修贤宰之胜绩,广十方之接待,河沙功德,又何得而计量乎哉。"殿中菩萨、邑宰、小民并坐一堂,真武宫一如古代中国的其他寺庙,不仅面向苍穹,还面向大地。

　　古时大寺多有下院,关帝殿则在康熙年间被普陀山第一大寺普济禅寺改建成下院。关帝殿又叫作关夫子庙,起初供奉的自然是关羽,亦在桃花渡旁。屠宗义有《桃花渡关夫子庙舍充普济下院志喜诗》,道出此中沿革。同真武宫一样,原来的关帝殿日久损毁,因而被改为下院。"今昔不殊辙",道宫、关庙变成了禅堂,也是无妨的。

　　这些来自民间或天上的神灵来到了江厦,便不得不赶一回热闹了。滨江庙附近,既有禁革钱庄买空卖空的石碑,也有弄振记烟室。真武宫更是前后左右都是赌摊,遇到江潮上涨,经过的人要付青蚨六翼托人背负才能走;遇到奇冷的冬季,宫门口的凉亭下,天天有乞丐冻毙——宫庙内雍雍肃肃,然而门外就是人间。

童槐宅银台第

笔记小说话旧事

笔记小说往往堕入教条训诫的恶趣，徒然令人生厌，然而偶尔也有物理人情在。在这些缝隙的光亮里，能看见他处的灰尘蒙蒙，也能看见数百年前的江厦众生。

作家阿城抱怨："读中国小说，很久很久读不到一种有趣的东西了，就是鬼。"鬼神的有趣，在于它是人的恐惧，也是人的希求。镇海王荣商的《槐窗杂录》多述本地故事，内中便有预言新江桥断的鬼和桃花渡旁佘使君庙里的神。同治初年，鄞县某贾人梦到死去的友人，说在冥籍上看到他于四月望日当罹水厄，到时候含水仰卧可以免祸。那天是郡城社火最盛的日子，观者塞途，到新江桥时，桥忽中断，不少人坠江而亡。贾人因守亡友告诫，闭门不出，听说后惊喜交集，水咽入喉中，登时气闭而死。水厄的预言，竟因此而验。

这个鬼友虽难敌天意，毕竟有心要助。而有时，神灵倒不如这些鬼有情。鄞县佘使君庙在桃花渡北,相传神为洪都道士,土人则认为是癞蛤蟆精。庙门涂朱色即致火灾,因此一向用蓝色。岁月既久,渐忘禁忌。光绪十九年(1893),村人将庙修葺一新。十月值神诞,连续唱了三天的戏,观者如堵。第一日人静后,庙祝就听闻殿中有人语:"人数齐否?"另一人答:"尚未。"到第三日午后,神前琉璃灯忽爆,灯火延烧帐幔,旁及柴室,众人在门口互相排挤,门反而不得开。男妇焚压而死者,三百七十余人。各家号哭之声,数里不绝。十多天后,有卖馄饨的小贩经过,"见数人面目焦黑,向之乞油,云欲涂患处"。小贩吓得弃担而走,第二天再回来一看,什么都在,就是油一滴不剩了。吴引孙观察拒绝重建之议,命改作祠堂,立木主以栖焚死者之魂,佘使君庙遂废。如佘使君果是神,也真是"以万物为刍狗",足够狠心。

吴伟业在《鹿樵纪闻》里也记下了一个在桃花渡发生的旧事。明末各地都有不愿降清的遗民,其中福建人黄斌卿曾为舟山参将,认为"舟山民俗淳朴,通商舶,饶鱼盐,西连越郡,北溯长江,此进取之地",便以舟山作为据点。亲家张名振本为石浦守将,在清军攻破绍兴后来舟山投靠。宁波诸生华夏谋划在城内举兵,约黄斌卿相助。华夏事泄被戮,"斌卿本无大志,特为利而动。兵至宁波,泊舟桃花渡,望城上毫无变动,已知夏等事败。官军开炮击之,即扬帆而遁"。张名振在逃离途中覆舟白沙,与张苍水共坐一艘小篷船才抵岸,在小庙中剪发易服,方得以逃脱。张名振与黄斌卿本就有嫌隙,自此黄斌卿更常加侮辱,张名振最终投身郑成功。然而毕竟难挽颓局,舟山终被清军收复,因海岛难守,"命毁其城,迁其民,而空其地"。

"王瑞伯大闹天妃宫"借着小热昏和评书,更是成了宁波的城市记忆。《中国民间文学集成·浙江省宁波市海曙区故事、歌谣、谚语卷》里便收录了一个70多岁的老人的口述:在清朝"辰光",天妃宫有次为天妃娘娘"做生",请了有名的戏班子,"交关"热闹,但只准福建人进。别人要想进去,只好从看门人的夹脚缝钻过去。王瑞伯"眯眯笑了一笑",把看门人和帮手打得四散。哪怕年事已高,记忆模糊,老人也没有忘记当初的激越。张如安在晚清编撰的《大墩徐氏宗谱》里找到了更早的版本：乾隆年间，"县东有天后宫，久而闽贾夺之为会馆。遇上元节，陈灯作戏，累日夜，鄞人往观之，则使其有力者一人伸两臂立门外，呼曰：'欲观戏，俯入我臂下。'徐遇金和王瑞伯往指其右臂，帖然自下，观者大笑，拥而入。闽贾大怒，率其党数百人，汹汹然闭门而斗。公与瑞伯以空拳击之，日晡至昏黑，数百人皆踣地不能起，于是俯首谢过，后无敢拒观者"。一百多年来，拳师王瑞伯一直生气凛然地活在这个故事里。

新江桥此后屡屡重建，桃花渡成了影城，鬼魅、神灵和炮声都已销声匿迹，人们转而将梦幻倾注于一面面屏幕之上。天后宫早已不存，街道拓宽后仅剩的门柱也不在了。每个时代都有自己的幻影，百年不变的却是投射其中的人世悲欢。

《鄞县通志》中所载鄞城始末

夜航船上道细琐

张岱在《夜航船》序中笑所谓的博学才子："昔有一僧人，与一士子同宿夜航船。士子高谈阔论，僧畏慑，拳足而寝。僧人听其语有破绽，乃曰：'请问相公，澹台灭明是一个人、两个人？'士子曰：'是两个人。'僧曰：'这等，尧舜是一个人、两个人？'士子曰：'自然是一个人！'僧乃笑曰：'这等说起来，且待小僧伸伸脚。'"与其宏大叙事，不如想着是在前往江厦途中的夜航船上闲谈，说一点时代边缘的琐碎，免得让僧人伸脚。

人情甚幻

童槐 1869 刊行的《今白华堂诗录》里有一首《到家六叠前韵》："左手霜螯右手杯，笑看蜃市幻楼台。江城夜火灵旗集，海浦秋云战舰来。蟋蟀但依空壁响，芙蓉聊为主人开。怀中任灭祢衡刺，自向烟霞访客回。"自注里说，来客闲谈，说江厦近日人情甚幻。一面在赛神，一面是李西严提军为剿海寇，募集同安巨艇。祢衡无所可适，至于刺字漫灭，还不如坐上船，去江上云霞里走一遭。

大罢市

1905年12月，半边街店铺罢市。向来交易多用制钱，而当时却因铜圆广行，行贩买卖都开始用铜圆，各行吃亏不少。因此鲜咸货蔬菜等行禀请县署改收洋圆，每元相当于制钱一千零四十文。而铜钱每元作一千零八十文，行贩听说后，一律停止贩卖。数千人集结起来，逼令半边街的各家咸货铺和水果店罢市。鄞县高子勋大令经与商会筹议，当晚就出了用铜圆不用洋元的告示，让官差扛着，鸣锣告知各处。次日县令亲自来到半边街下令开市，不料行贩仍然拥挤不散，坚决不让步。兵勇前来弹压，然而众行贩没有全被赶走，行铺也不敢开门。

和被迫罢市不同，1919年6月，为抗议军阀逮捕学生的暴行，宁波商界以罢市相声援。钱行街、糖行街商户纷纷闭门，钱业停止汇兑。内务部来电否认捕虐学生，督军、省长也纷纷来电劝导，官厅随后派出多名军警巡街，一面又各令属员到各商铺劝谕开市。而店铺大多不买账，有的还径直在门上贴上标语，谓"本号营业自由，军警不必干涉，伙友不愿上柜，商民愿受损失"。放弃利益，对抗当局，不过是商人们愿为五四运动做出的小小努力。

拆城墙

和北京的城墙在20世纪50年代被大规模拆除不同，宁波的老城墙是在民国年间消失于众人视野的。江厦一带的灵桥门和东渡门，自然不曾幸免。很多人认为这与1916年8月孙中山来宁波有关，其实更早就有先声。

1914年，《申报》接连两次发表名为"宁波拆城之动议"的报道，那时就提出了拆除城郭。2月，"鄞邑公民周淑旦、江明筠诸君会议，以宁波开埠最早，城中商务迄未十分发达。推厥原因，实由城郭为之障碍，欲谋商业之扩张，交通之便利，唯有援照杭州、上海拆城之例"。知事收到联名呈请后，决定先交商会定夺，再上报省长。6月的提议则提出了更多理由——宁波有六个城门：东渡、望京、长春、永丰、灵桥、和义。每个城门外都有一道城墙。自前清太平天国动乱以来,从不曾修葺,大多荒凉剥蚀,望京门几乎坍塌。东渡、灵桥两门算是最繁盛的了,然而瓮城之中店肆林立,一遇火灾无从救济。

周、江二人因知事搁下此议,复请宁波商会决裁。然而随后也沉寂了下来,一直到 1920 年拆城墙的动议才付诸实践。市政为筹措拆城填河经费发行公债,西、南、北三面

隳城中的永丰门(从门内往门外拍)

的城墙被陆续拆毁。1924 年,灵桥门和东渡门被拆,到了 1931 年,作于晚清的《宁郡地舆图》上延绵巍然的城墙城楼,除了庆云楼和鼓楼,无一留存。至于在拆城过程中发掘的古碑、古砖和古墓,又是另一段谈资了。

"廿七十二鸡啼涨,船到江厦天大亮",天不会被谈完,夜航船却走到了它的尽头。时代更替,和城墙一起消退于暗影的,还有无数渡头。城墙的旧根基上新建了马路,外乡人想要来江厦,不必再坐一整夜的航船。所幸新的时代来了,总会带来新的故事罢。

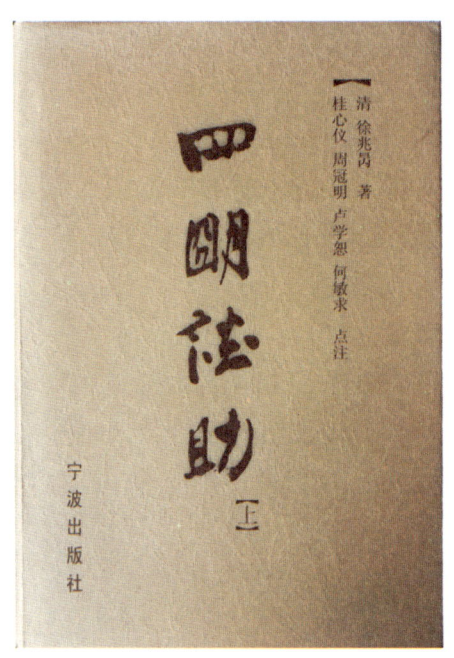

《四明谈助》书影

担风袖月徐兆昺

现在,自助旅行爱好者都谑称"驴友",户外运动、爬山露营也已经是一种风尚。当然除了健身以外,城市周边特别有文化意味的山水古迹也逐渐为驴友们所重视,许多驴友逐渐从"健身驴"往"文化驴"发展,开始走一些与历史文化相结合的路,一边跋山涉水,一边学习知识。这类"同城文化慢行"在国外很流行。

在清朝道光年间,宁波江厦有一位老先生,他叫徐兆昺,字绮城。如果穿越到现代,他就是一个标准的驴友,且只爱在宁波范围内旅行,用他自己的话讲"喜游四明山水"。他的家世也非常普通,家族里没出过什么达官显贵。康熙初年的时候,徐兆昺的曾祖徐君甫从鄞县南乡李家桥迁到城里的咸塘汇(即今天一广场内)定居,虽然几代人都重视读书,但没有一个人能穿上长衫。到了乾隆年间,徐兆昺的堂兄徐兆昇考中了举人,选授会稽训导,训导是明清府、州、县儒学的辅助教职。徐兆昺从小跟着这位堂兄学习，堂兄对他的影响十分大。徐兆昺先生的书斋名叫"咸塘汇斋"，他读书之余也当私塾先生，过着清贫的日子。他家里还有一个老仆人，叫"阿陆"，当时徐先生对咸塘汇的"汇"字，十分怀疑，因为市舶务后面有碶，只有一横一直的水道，谈不上汇。但老仆阿陆告诉他，他小时候看见人家造屋挖水池，从地下挖出一块像圆桌一样大的木板，有五六寸厚，中间还有一个方形的孔眼，这块东西肯定是船舶中的东西。想想如果船能进这个地方，这个地方的水道肯定很大，只是时过境迁，有些东西看不到了，所以留下来的地名和原来的样子也对不上号了。

徐兆昺最好的朋友是黄定文，清代史学家全祖望的再传弟子。黄定文在全国各地做了许多年的官，退休后，他的儿子为他造了一座园林，叫作"息圃"。这个园子落成后，主人黄定文邀请当时的一些文人好友，组织了"二篸之会"，同会的有王小竹、戎艾庵、卢蓬庐、洪佩弦、何小愚、孙对涧，当然还有徐兆昺，加上黄定文，总共八人。卢蓬庐模仿杜甫的《饮中八仙歌》，给每个人写了一首诗，给徐兆昺的诗，道是"城北美髯推徐公，新词笑煞杨柳风。说经早已联家学，游屐时应出剡中"。从诗里我们可以看出徐兆昺有一部漂亮的胡子，是个美髯公，最后一句则是表明徐先生最大的爱好，喜欢游山玩水，化用李白的名句"自爱名山入剡中"。黄定文有一次请客喝酒，以诗代信，给徐兆昺的请柬诗这样写："前辈有霜皋，诗成淡自豪。只今传古调，尚欲压吾曹。不厌寻山屐，时追泛月舠。他年谱耆旧，风味本清高。"黄定文的另一篇《徐绮城七十携子游山序》，说徐兆昺曾邀请黄定文一起出行，但黄定文走不了多少路就满头大汗，想着回去。徐还说了句"俗物足败人意"的玩笑话，想来这位老先生体力确实好，所以他只能让自己儿子陪他去四明山里走走，因为他的老朋友们年纪大了都走不动。

明代大旅行家徐霞客从宁波宁海县出发，周游全国，后来写成一本著名的旅行笔记《徐霞客游记》，我们的徐兆昺先生虽然没他走得远，但却在宁波来了个"深度游"，把四明山水基本走遍，同样也写了一部地理奇书，书名《四明谈助》。他的好友黄定文在《四明谈助》后面还有一个跋："绮

清道光八年（1828）木活字本《四明谈助》

城老友性好古，尤属意前人旧迹。凡耳之所闻，正之于目。数百里山川城郭，以及古今事物、诗歌，随见随记，晚岁掇拾考征，成《四明谈助》一书。"

2000年，宁波出版社出版了由周冠明先生点校的《四明谈助》，2003年重印第二版，据统计，这本书是近年来引用率最高的地方文献之一。《四明谈助》的体例是学郦道元《水经注》的。《水经注》以地记人物，徐在山川志里就采用《水经注》的做法，把历史事件、人物，落在地点上，给人一种立体感。比如《四明谈助》里写四明山，徐先生把各朝代的描写四明山概况的文字进行综述，再把王应麟的《四明七观》，黄宗羲的《丹山图咏序》，唐人陆龟蒙、皮日休写的《四明山九题诗》，戴表元、李暾、沈一贯、沈明臣等人写的诗文都加以抄录，之后写四明山上的古迹，如谢遗尘隐居处，然后写些道家奇异故事，最后记录一些土特产。再如写一个村落，他会写氏族的来历，家族中名人的故居、事迹，然后抄录一些歌咏的诗文。其次，徐兆昺写书比较重"趣味"。宁波是文献之邦，有浩如烟海的文献，但一个普通读者、一个普通市民会去翻吗？如月湖的古湖心寺里发生过一个"牡丹灯"的故事，正儿八经的方志里很少会提到，但《四明谈助》在写湖心寺的时候，就把这个"乔生遇妖"的故事从《剪灯新话》里摘抄出来。

月岛南岸古湖心寺

他自己在序文里这样写道:"其山川而有向背也,必纪之,以为谈地理者之一助,其人物而有报应也,必纪之,以为谈天道者之一助,其地理天道皆可疑而语涉于趣也,亦纪之,以为谈神仙鬼怪者之一助。"谈助,即是助谈,在聊天中感受文化,要求轻松,不要沉重,让文化贴近生活。再者是选摘古迹的眼光。可以说徐兆昺是一位杰出的文化遗产保护专家,他所选录的古迹,现在百分之八十以上都得到了保护。如今,地方文化工作者翻阅《四明谈助》,都会有相见恨晚之感。

徐兆昺是一位宁波奇人,《四明谈助》是一部宁波奇书。这位生在江厦长在江厦的宁波书生,既不志在当官,也不志在经商,只爱担风袖月、走遍宁波,却让我们见识了宁波人另一种自在逍遥的生活态度。